INVENTAIRE
Y² 21489

Y²

QUEUQUIN REL.

JACQUES CAZOTTE

OEUVRES CHOISIES

LE DIABLE AMOUREUX
AVENTURE DU PÉLERIN
L'HONNEUR PERDU ET RECOUVRÉ
LA BELLE PAR ACCIDENT

Précédées d'une Notice sur l'Auteur

PARIS
PAULIN, ÉDITEUR
RUE RICHELIEU, 60

1847

JACQUES CAZOTTE.

OEUVRES CHOISIES.

IMPRIMÉ PAR PLON FRÈRES,
RUE DE VAUGIRARD, 36.

JACQUES CAZOTTE

OEUVRES CHOISIES.

LE DIABLE AMOUREUX. — AVENTURE DU PÈLERIN.
L'HONNEUR PERDU ET RECOUVRÉ.
LA BELLE PAR ACCIDENT.

PRÉCÉDÉES

D'UNE NOTICE SUR L'AUTEUR.

PARIS
PAULIN, ÉDITEUR,
RUE RICHELIEU, 60.

1847

NOTICE SUR L'AUTEUR.

Cazotte (Jacques) naquit en 1720 à Dijon, où son père était greffier des états de Bourgogne. Il fit ses études au collége des jésuites de sa ville natale. Lorsqu'elles furent achevées, un de ses frères, grand-vicaire de M. de Choiseul, évêque de Châlons-sur-Marne, l'appela à Paris pour y perfectionner son éducation. Le temps de choisir un état venu, Cazotte entra dans l'administration de la marine ; il parvint en 1747 au grade de commissaire, et passa, comme contrôleur des îles du Vent, à la Martinique. Cazotte avait du goût pour la poésie, et la rencontre qu'il fit à Paris, chez Raucourt, son compatriote, des auteurs et des gens d'esprit les plus remarquables à cette époque, alluma son amour pour les lettres.

Ce fut vers ce temps aussi qu'il écrivit les *Mille et une Fadaises*, ouvrage dont il faisait lui-même dans la suite assez peu de cas. Établi à la Martinique,

Cazotte y partagea son temps entre les devoirs de sa place et les douceurs d'une société d'hommes instruits, parmi lesquels se distinguait le P. de Lavalette, supérieur de la mission des jésuites. Après quelques années de séjour dans la colonie, Cazotte demanda un congé, et revint à Paris, où il retrouva une Dijonnaise, son amie dès l'enfance (madame Poissonnier). Celle-ci avait été choisie pour être la nourrice du duc de Bourgogne. Il fallait endormir le royal enfant, et on demandait des chansons. Cazotte composa pour son amie la fameuse romance : *Tout au beau milieu des Ardennes*, et cette autre : *Commère, il faut chauffer le lit*. Ces chansons lui donnèrent l'idée de composer le poème d'*Ollivier*, ouvrage médiocre et du genre ennuyeux, commencé pendant la traversée pour retourner à la Martinique, et achevé à son arrivée dans la colonie. Lorsqu'en 1759 les Anglais attaquèrent le fort Saint-Pierre, Cazotte contribua par son zèle et son activité à rendre leur attaque inutile ; mais sa santé affaiblie l'obligea quelque temps après à demander un nouveau congé. Il aborda en France au moment de la mort de son frère, dont il avait été nommé héritier. Cette circonstance et la nécessité de vaquer à ses propres affaires le mirent dans le cas de solliciter sa retraite ; elle lui fut accordée de la manière la plus honorable, avec le titre de commissaire-général de la marine. Cazotte avait cédé au P. de Lavalette tout ce qu'il possédait à la Martinique, en terres, en nègres et en effets; il avait reçu de lui, en payement, des lettres de change sur la compagnie des jésuites. Le peu de succès des affaires que le P. de Lavalette avait entreprises engagea les supérieurs de la compagnie à laisser protester les lettres de change. Une telle résolution faisait perdre à Cazotte 50,000 écus, c'est-à-dire le fruit du travail de toute sa vie. Il fit d'inutiles efforts pour la faire changer; enfin, il fut obligé de plaider contre les jésuites, ses anciens maîtres, et, disent ses biographes, il le fit avec regret. Ce procès a été, pour ainsi dire, l'origine de tous ceux qui sont venus fondre sur cette société. Les mémoires qui ont circulé au nom de Cazotte dans les tribunaux sont pleins de modération. On l'y voit sans cesse partagé entre la reconnaissance qu'il doit aux instituteurs de son enfance et les regrets que lui fait éprouver la nécessité où il est de les traduire en justice. Cazotte avait épousé la fille d'un de ses amis, principal juge de la Martinique (Élisabeth Roignon). Lorsqu'il eut renoncé aux affaires, il partagea son temps entre Paris et une campagne que son frère lui avait laissée, à Pierry, près d'Épernay. On imagine sans peine qu'il fut désiré dans les meilleures sociétés de la capitale. Sa gaieté, sa conversation vive et piquante, son esprit et son cœur, toujours ouverts et toujours prêts, sa parfaite et douce franchise le faisaient généralement aimer. Il eut donc des succès dans le monde ; il en eut même parmi les beaux esprits du siècle, quoiqu'il ne partageât pas les opinions qu'ils s'efforçaient d'accréditer. Les amis de Cazotte avaient tiré de son portefeuille le poème d'*Ollivier*. Le succès qu'obtint cette production détermina l'auteur à faire paraître successivement le *Diable amoureux* et le *Lord impromptu*. Ces ouvrages furent lus avec avidité (*voyez* Framery). On y remarque une imagination riche et variée, une facilité de style peu commune, et surtout une manière de raconter vive et naturelle. Un étranger entre un jour chez Cazotte avec un livre sous le bras : « Vous êtes, lui dit l'étranger, M. Ca» zotte, auteur du *Diable amoureux*, eh bien ! c'est » cet ouvrage qui fait l'objet de ma visite. » L'inconnu supposait à Cazotte des connaissances du genre de celles de Calderon, et il fut très-étonné lorsque celui-ci lui avoua que ce que renfermait le *Diable amoureux* était le fruit de sa seule imagination. Les suites de la conversation apprirent à Cazotte que le personnage dont il recevait la visite était un disciple de Martinès. Sa curiosité s'étant enflammée, il obtint d'être initié. L'étranger le fit recevoir dans cette société dont Martinès de Pasqualis était l'initiateur. On a dit dans quelques écrits du temps que cette association devait son origine à M. de Saint-Martin : on s'est trompé ; M. de Saint-Martin était seulement un de ses membres. Nous ne dirons rien de ce qu'on enseignait dans cette nouvelle école ; nous observerons seulement que Cazotte n'y fut pas plutôt reçu, que l'Évangile devint sa règle jusque dans les détails les plus minutieux de sa vie. Accoutumé à découvrir toutes ses pensées, il n'hésita pas à publier ses nouvelles idées dans tous les cercles où il était admis. Ce fut peu après qu'à l'aide d'un moine arabe, nommé dom Chavis, il s'occupa de la traduction des contes arabes, dont la collection en quatre volumes fait suite aux *Mille et une Nuits*, et forme les tomes XXXVII à XL du *Cabinet des fées*. Dom Chavis, dans un mauvais langage moitié français moitié italien, donnait à Cazotte le cadre de ces contes ; celui-ci, âgé pour lors de soixante-six ans, prenait la plume à minuit, au retour des sociétés où il avait l'habitude de passer ses soirées, et, se livrant à son imagination, il écrivait jusqu'à quatre ou cinq heures du matin ; tellement qu'en deux hivers il termina son entreprise. Cazotte, au reste, ne fit cet ouvrage que pour apprendre à ceux qui regardaient sa piété comme une preuve de l'affaiblissement de son esprit que les mêmes facultés qui lui avaient mérité parmi les gens de lettres quelque réputation lui restaient encore. Le canevas de quelques-uns de ces contes, celui de *Maugrabi*, par exemple, est tout entier de sa composition ; mais ce qu'il est bon de remarquer, c'est que dans la plupart des autres Cazotte a personnifié ses idées spirituelles. Qu'on les lise sous ce point de vue, et on sera très-étonné de trouver un traité de perfection morale sous la forme d'un conte de fées. Cazotte avait reçu de la nature une facilité extrême pour la composition ; nous nous contenterons d'en citer un exemple. Un de ses beaux-frères lui vantait souvent les opéras bouffons ou comédies mêlées d'ariettes, qui étaient alors dans leur nouveauté, et les regardait comme des chefs-d'œuvre. « Donnez-moi un mot, lui dit Cazotte, et si, sur ce mot, je n'ai pas fait d'ici à demain une pièce de ce genre, vos éloges seront mérités. On était à Pierry ; le beau-frère voit entrer un paysan avec des sabots : Eh bien ! sabots, mon frère, s'écria-t-il, voyons un peu comme vous vous en tirerez. » Cazotte fait sortir tout le monde de son appartement, excepté Rameau, neveu du grand musicien, cerveau dérangé, mais plein de talents, le même que Diderot a mis en scène dans une admirable fantaisie qui a pour titre *le Neveu de Rameau*. Dans le cours de la soirée et de la nuit jusqu'au lendemain fut composé, paroles et airs originaux, l'opéra comique des *Sabots*. Il l'envoya à Paris, à son amie madame Bertin, des *parties casuelles*, qui la joua sur son petit théâtre. Des acteurs de la Comédie italienne l'y virent représenter, la goûtèrent, la demandèrent à madame Bertin, et, du consentement de Cazotte, la pièce leur fut livrée. On toucha à quelques scènes, à quelques airs ; on composa toutes les partitions sans que les premiers auteurs s'en mêlassent ; et, quoique l'entrée des Italiens eût été accordée à Cazotte comme auteur de cette pièce, il ne s'est jamais soucié qu'elle fût donnée sous son nom, et elle n'a cessé de paraître sous les noms de Duni et de Sedaine. Cazotte a publié quelques poésies qui se distinguent par un mérite de versification facile. On y reconnaît partout la touche originale de l'auteur. Toujours enjoué, sa gaieté ne dégénère jamais en malice, et, quoiqu'il ait fait souvent des peintures vives de l'amour, il se contient toujours dans les bornes de la décence. Ces qualités se font remarquer et se décèlent dans les moindres bagatelles ; on les retrouve dans ses nouvelles ; il en est une surtout *l'Honneur perdu et recouvré*, qui est un petit chef-d'œuvre. Cazotte, écrivant pour son plaisir et pour celui d'une société bornée, n'avait jamais cherché l'éclat; aussi sa réputation n'était peut-être pas égale à son mérite. Il était parvenu à un âge où d'un jour à l'autre il pouvait s'éteindre; la pureté de ses mœurs, et surtout les grands principes qui le dirigeaient depuis plusieurs années lui eussent procuré une mort fort douce; c'eût été le soir d'un beau jour. La révolution survint; elle l'arracha à sa vie paisible. Cazotte se déclara contre la révolution; il fut condamné et mourut noblement. Écrivant par habitude, il témoignait sa douleur à ses amis; et son esprit, qui s'agitait en tous sens, imaginait chaque jour quelques moyens, malheureusement trop faibles, pour arrêter le cours de cet invincible mouvement; telle est l'origine de sa correspondance avec Ponteau, son ancien ami et alors secrétaire de la liste civile, correspondance qui souleva l'affaire dont Cazotte avait, dit-on, parlé dans la conversation prophétique rapportée par La Harpe. Les auteurs de la journée du 10 août 1792, ayant envahi les bureaux de Laporte, y découvrirent cette correspondance imprudemment conservée. Cazotte, en conséquence, et sa fille Élisabeth, qui lui avait servi de secrétaire, furent arrêtés à Pierry, conduits à Paris et renfermés dans les prisons de l'Abbaye. On n'a pas oublié comment, dans les terribles journées des 2 et 3 septembre, lorsque Cazotte à son tour fut livré aux furieux, l'héroïque Élisabeth se précipita sur lui, et faisant au vieillard un bouclier de son corps, s'écria : « Vous n'arriverez au cœur de mon père qu'après » avoir percé le mien. » Cazotte et sa fille, au lieu d'être massacrés, furent portés en triomphe jusque dans leur maison ; mais ils n'y restèrent pas longtemps paisibles. On arrêta une seconde fois Cazotte, qui, conduit de la mairie à la prison, se vit bientôt traduit devant un tribunal institué pour juger tout ce qui avait rapport aux crimes du 10 août. Il y subit un interrogatoire de trente-six heures, pendant lequel sa sérénité, sa présence d'esprit ne se démentirent pas un instant. Enfin il fut condamné à la mort. L'accusateur public ne put s'empêcher de faire précéder ses funestes conclusions de quelques mots d'éloge : « Pourquoi, dit-il à Cazotte, faut-il que » j'aie à vous trouver coupable après soixante-douze » années de vertus ! Il ne suffit pas d'avoir été bon » fils, bon époux, bon père, il faut encore être bon » citoyen... » Le juge qui prononça la condamnation de Cazotte ne crut pas non plus devoir le traiter comme un accusé ordinaire : « Envisage la mort sans » crainte, lui dit-il, songe qu'elle n'a pas le droit de » t'étonner ; ce n'est pas un pareil moment qui doit

» effrayer un homme tel que toi. » L'arrêt fut mis à exécution le 25 septembre 1792. Cazotte passa une heure avec un ecclésiastique avant que de marcher au supplice. Ayant demandé une plume et du papier, il écrivit ces mots : « Ma femme, mes enfants, ne » pleurez pas, ne m'oubliez pas ; mais souvenez-» vous surtout de ne jamais offenser Dieu. » Il les donna ensuite à l'ecclésiastique avec une boucle de ses cheveux, qu'il le pria de remettre à sa fille comme un gage de sa tendresse. Parvenu sur l'échafaud, Cazotte, avant que de livrer sa tête à l'exécuteur, se tourna vers la multitude, et, d'un ton de voix élevé, il s'écria : « Je meurs comme j'ai vécu, » fidèle à Dieu et à mon roi. » Sa taille était avantageuse, ses yeux bleus, remplis d'expression ; dans sa vieillesse, les boucles de cheveux blancs qui tombaient sur sa tête lui donnaient un air vraiment patriarcal. Les ouvrages de Cazotte sont : 1º *la Patte du chat*, conte zinzinois, 1741, in-12 ; 2º *Mille et une Fadaises*, contes, 1742, in-12 ; 3º *la Guerre de l'Opéra*, 1753, in-12 ; 4º *Observations sur la Lettre de Rousseau au sujet de la Musique française*, 1754, in-12 ; 5º *Ollivier*, poème en douze chants, 1763, 2 vol. in-8 ; 6º *le Lord impromptu*, 1771, in-8 ; 7º *le Diable amoureux*, nouvelle espagnole, 1772, in-8º, édition rare et recherchée à cause des figures grotesques et d'une préface, qui étaient une satire du luxe d'impression et de gravures dont on ornait souvent alors des écrits très-médiocres. Ces trois derniers ouvrages ont eu plusieurs éditions, et on les a traduits en allemand; ils ont été réunis sous le titre d'*OEuvres morales et badines*, Paris, 1776, 2 vol. in-8. On a aussi les *OEuvres badines et morales de Cazotte*, Londres (Paris), 7 vol. in-18. Le 5ᵉ volume contient cinquante-neuf fables. On trouve dans les deux derniers le septième chant de *la Guerre de Genève*, *la Voltairiade*, poème satirique, plusieurs poèmes, nouvelles et contes en vers, des contes et des nouvelles en prose, entre autres *le Fou de Bagdad* et *Rachel* ou *la Belle Juive*, nouvelle historique espagnole.

JACQUES CAZOTTE.

OEUVRES CHOISIES.

LE DIABLE AMOUREUX.

NOUVELLE ESPAGNOLE.

J'étais à vingt-cinq ans capitaine aux gardes du roi de Naples : nous vivions beaucoup entre camarades, et comme des jeunes gens, c'est-à-dire des femmes, du jeu, tant que la bourse pouvait y suffire, et nous philosophions dans nos quartiers quand nous n'avions plus d'autre ressource.

Un soir, après nous être épuisés en raisonnement de toute espèce autour d'un très-petit flacon de vin de Chypre et de quelques marrons secs, le discours tomba sur la cabale et les cabalistes.

Un d'entre nous prétendait que c'était une science réelle, et dont les opérations étaient sûres ; quatre des plus jeunes lui soutenaient que c'étaient un amas d'absurdités, une source de friponneries, propres à tromper les gens crédules et à amuser les enfants.

Le plus âgé d'entre nous, Flamand d'origine, fumait une pipe d'un air distrait, et ne disait mot. Son air froid et sa distraction me faisaient spectacle à travers ce charivari discordant qui nous étourdissait, et m'empêchait de prendre part à une conversation trop peu réglée pour qu'elle eût de l'intérêt pour moi.

Nous étions dans la chambre du fumeur ; la nuit s'avançait : on se sépara, et nous demeurâmes seuls, notre ancien et moi.

Il continua de fumer flegmatiquement ; je demeurai les coudes appuyés sur la table, sans rien dire. Enfin mon homme rompit le silence.

« Jeune homme, me dit-il, vous venez d'entendre beaucoup de bruit : pourquoi vous êtes-vous tiré de la mêlée ?

— C'est, lui répondis-je, que j'aime mieux me taire que d'approuver ou blâmer ce que je ne connais pas : je ne sais même ce que veut dire le mot *cabale*.

— Il a plusieurs significations, me dit-il : mais ce n'est point d'elles dont il s'agit, c'est de la chose. Croyez-vous qu'il puisse exister une science qui enseigne à transformer les métaux et à réduire les esprits sous notre obéissance ?

— Je ne connais rien des esprits, à commencer par le mien, sinon que je suis sûr de son existence. Quant aux métaux, je sais la valeur d'un carlin au jeu, à l'auberge et ailleurs, et ne peux rien assurer ni nier sur l'essence des uns et des autres, sur les modifications et impressions dont ils sont susceptibles.

— Mon jeune camarade, j'aime beaucoup votre ignorance; elle vaut bien la doctrine des autres : au moins vous n'êtes pas dans l'erreur, et si vous n'êtes pas instruit, vous êtes susceptible de l'être. Votre naturel, la franchise de votre caractère, la droiture de votre esprit me plaisent : je sais quelque chose de plus que le commun des hommes : jurez-moi le plus grand secret sur votre parole d'honneur, promettez de vous conduire avec prudence, et vous serez mon écolier.

— L'ouverture que vous me faites, mon cher Soberano, m'est très-agréable. La curiosité est ma plus forte passion. Je vous avouerai que naturellement j'ai peu d'empressement pour nos connaissances ordinaires; elles m'ont toujours semblé trop bornées, et j'ai deviné cette sphère élevée dans laquelle vous voulez m'aider à m'élancer : mais quelle est la première clef de la science, dont vous parlez? Selon ce que disaient nos camarades en disputant, ce sont les esprits eux-mêmes qui nous instruisent; peut-on se lier avec eux?

— Vous avez dit le mot, Alvare : on n'apprendrait rien de soi-même; quant à la possibilité de nos liaisons, je vais vous en donner une preuve sans réplique. »

Comme il finissait ce mot, il achevait sa pipe : il frappe trois coups pour faire sortir un peu de cendres qui restait au fond, la pose sur la table assez près de moi. Il élève la voix : « Calderon, dit-il, venez chercher ma pipe, allumez-la, et rapportez-la-moi. »

Il finissait à peine le commandement, je vois disparaître la pipe, et, avant que j'eusse pu raisonner sur les moyens, ni demander quel était ce Calderon chargé de ses ordres, la pipe allumée était de retour, et mon interlocuteur avait repris son occupation.

Il la continua quelque temps, moins pour savourer le tabac que pour jouir de la surprise qu'il m'occasionnait ; puis se levant, il dit : « Je prends la garde au jour, il faut que je repose. Allez vous coucher ; soyez sage, et nous nous reverrons. »

Je me retirai plein de curiosité et affamé d'idées nouvelles, dont je me promettais de me remplir bientôt par le secours de Soberano. Je le vis le lendemain, les jours ensuite ; je n'eus plus d'autre passion ; je devins son ombre.

Je lui faisais mille questions ; il éludait les unes et répondait aux autres d'un ton d'oracle. Enfin je le pressai sur l'article de la religion de ses pareils : « C'est, me répondit-il, la religion naturelle. » Nous entrâmes dans quelques détails ; ses décisions cadraient plus avec mes penchants qu'avec mes principes ; mais je voulais venir à mon but et ne devais pas le contrarier.

« Vous commandez aux esprits, lui disais-je ; je veux comme vous être en commerce avec eux : je le veux, je le veux

— Vous êtes vif, camarade, vous n'avez pas subi votre temps d'épreuve ; vous n'avez rempli aucune des conditions sous lesquelles on peut aborder sans crainte de cette sublime catégorie...

— Eh! me faut-il bien du temps?...

— Peut-être deux ans...

— J'abandonne ce projet, m'écriai-je; je mourrais d'impatience dans l'intervalle. Vous êtes cruel, Soberano. Vous ne pouvez concevoir la vivacité du désir que vous avez créé dans moi : il me brûle...

— Jeune homme, je vous croyais plus de prudence; vous me faites trembler pour vous et pour moi. Quoi! vous vous exposeriez à évoquer des esprits sans aucune des préparations?...

— Eh! que pourrait-il m'en arriver?...

— Je ne dis pas qu'il dût absolument vous en arriver du mal; s'ils ont du pouvoir sur nous, c'est notre faiblesse, notre pusillanimité qui le leur donne : dans le fond, nous sommes nés pour les commander...

— Ah! je les commanderai!...

— Oui, vous avez le cœur chaud; mais si vous perdez la tête, s'ils vous effraient à certain point?...

— S'il ne tient qu'à ne les pas craindre, je les mets au pis pour m'effrayer...

— Quoi! quand vous verriez le diable?...

— Je tirerais les oreilles au grand diable d'enfer...

— Bravo! Si vous êtes si sûr de vous, vous pouvez vous risquer, et je vous promets mon assistance. Vendredi prochain je vous donne à dîner avec deux des nôtres, et nous mettrons l'aventure à fin. »

Nous n'étions qu'à mardi : jamais rendez-vous galant ne fut attendu avec tant d'impatience. Le terme arrive enfin ; je trouve chez mon camarade deux hommes d'une physionomie peu prévenante : nous dînons. La conversation roule sur des choses indifférentes.

Après dîner, on propose une promenade à pied vers les ruines de Portici. Nous sommes en route : nous arrivons. Ces restes des monuments les plus augustes, écroulés, brisés, épars, couverts de ronces, portent à mon imagination des idées qui ne m'étaient pas ordinaires. Voilà, disais-je, le pouvoir du temps sur les ouvrages de l'orgueil et de l'industrie des hommes. Nous avançons dans les ruines, et enfin nous sommes parvenus presque à tâtons, à travers ces débris, dans un lieu si obscur, qu'aucune lumière extérieure n'y pouvait pénétrer.

Mon camarade me conduisait par le bras ; il cesse de marcher, et je m'arrête. Alors un de la compagnie bat le fusil et allume une bougie. Le séjour où nous étions s'éclaire, quoique faiblement, et je découvre que nous sommes sous une voûte assez bien conservée, de vingt-cinq pieds en carré à peu près, et ayant quatre issues. Mon camarade, à l'aide d'un roseau qui lui servait d'appui dans sa marche, trace un cercle autour de lui sur le sable léger dont le terrain était couvert, et en sort après y avoir dessiné quelques caractères.

« Entrez dans ce penthacle, mon brave, me dit-il, et n'en sortez qu'à bonnes enseignes...

— Expliquez-vous mieux ; à quelles enseignes en dois-je sortir ?...

— Quand tout vous sera soumis ; mais avant ce temps, si la frayeur vous faisait faire une fausse démarche, vous pourriez courir les risques les plus grands. »

Alors il me donne une formule d'évocation courte, pressante, mêlée de quelques mots que je n'oublierai jamais.

« Récitez, me dit-il, cette conjuration avec fermeté, et appelez ensuite à trois fois clairement *Béelzébut*, et surtout n'oubliez pas ce que vous avez promis de faire. »

Je me rappelai que je m'étais vanté de lui tirer les oreilles. Je tiendrai parole, me dis-je, ne voulant pas en avoir le démenti.

« Nous vous souhaitons bien du succès, me dit-il ; quand vous aurez fini, vous nous avertirez. Vous êtes directement vis-à-vis de la porte par laquelle vous devez sortir pour nous rejoindre. »

Ils se retirent.

Jamais fanfaron ne se trouva dans une crise plus délicate : je fus au moment de les rappeler ; mais il y avait trop à rougir pour moi ; c'était d'ailleurs renoncer à toutes mes espérances. Je me raffermis sur la place où j'étais, je tins un moment conseil. On a voulu m'effrayer, dis-je ; on veut voir si je suis pusillanime. Les gens qui m'éprouvent sont à deux pas d'ici, et à la suite de mon évocation je dois m'attendre à quelques tentatives de leur part pour m'épouvanter. Tenons bon ; tournons la raillerie contre les mauvais plaisants.

Cette délibération fut assez courte, quoiqu'un peu troublée par le ramage des hiboux et des chats-huants qui habitaient les environs, et même l'intérieur de ma caverne.

Un peu rassuré par mes réflexions, je me rasseois sur mes reins, je me piète ; je prononce l'évocation d'une voix claire et soutenue ; et, en grossissant le son, j'appelle, à trois reprises et à très-courts intervalles, *Béelzébut*.

Un frisson courait dans toutes mes veines, et mes cheveux se hérissaient sur la tête.

A peine avais-je fini, une fenêtre s'ouvre à deux battants, vis-à-vis de moi, au haut de la voûte : un torrent de lumière plus éblouissante que celle du jour fond par cette ouverture ; une tête de chameau horrible, autant par sa grosseur que par sa forme, se présente à la fenêtre ; surtout elle avait des oreilles démesurées. L'odieux fantôme ouvre la gueule, et, d'un ton assorti au reste de l'apparition, me répond :

« *Che vuoi ?* »

Toutes les voûtes, tous les caveaux des environs retentissent à l'envi du terrible *Che vuoi ?*

Je ne saurais peindre ma situation ; je ne saurais dire qui soutint mon courage et m'empêcha de tomber en défaillance à l'aspect de ce tableau, au bruit plus effrayant encore qui retentissait à mes oreilles.

Je sentis la nécessité de rappeler mes forces : une

sueur froide allait les dissiper ; je fis un effort sur moi. Il faut que notre âme soit bien vaste et ait un prodigieux ressort ; une multitude de sentiments, d'idées, de réflexions touchent mon cœur, passent dans mon esprit, et font leur impression toutes à la fois.

La résolution s'opère, je me rends maître de ma terreur. Je fixe hardiment le spectre.

« Que prétends-tu toi-même, téméraire, en te montrant sous cette forme hideuse ? »

Le fantôme balance un moment :

« Tu m'as demandé, dit-il d'un ton de voix plus bas...

— L'esclave, lui dis-je, cherche-t-il à effrayer son maître ? Si tu viens recevoir mes ordres, prends une forme convenable et un ton soumis.

— Maître, me dit le fantôme, sous quelle forme me présenterai-je pour vous être agréable ? »

Le première idée qui me vint à la tête étant celle d'un chien :

« Viens, lui dis-je, sous la figure d'un épagneul. »

A peine avais-je donné l'ordre, l'épouvantable chameau allonge le col de seize pieds de longueur, baisse la tête jusqu'au milieu du salon, et vomit un épagneul blanc à soies fines et brillantes, les oreilles traînantes jusqu'à terre.

La fenêtre s'est refermée, toute autre vision a disparu, et il ne reste sous la voûte, suffisamment éclairée, que le chien et moi.

Il tournait tout autour du cercle en remuant la queue et faisant des courbettes.

« Maître, me dit-il, je voudrais bien vous lécher l'extrémité des pieds ; mais le cercle redoutable qui vous environne me repousse. »

Ma confiance était montée jusqu'à l'audace : je sors du cercle, je tends le pied, le chien le lèche ; je fais un mouvement pour lui tirer les oreilles, il se couche sur le dos comme pour me demander grâce ; je vis que c'était une petite femelle.

« Lève-toi, lui dis-je ; je te pardonne : tu vois que j'ai compagnie, ces messieurs attendent à quelque distance d'ici ; la promenade a dû les altérer ; je veux leur donner une collation ; il faut des fruits, des conserves, des glaces, des vins de Grèce ; que cela soit bien entendu ; éclaire et décore la salle sans faste, mais proprement. Vers la fin de la collation, tu viendras en virtuose du premier talent, et tu porteras une harpe ; je t'avertirai quand tu devras paraître. Prends garde à bien jouer ton rôle, mets de l'expression dans ton chant, de la décence, de la retenue dans ton maintien...

— J'obéirai, maître, mais sous quelle condition ?...

— Sous celle d'obéir, esclave. Obéis sans réplique, ou...

— Vous ne me connaissez pas, maître ; vous me traiteriez avec moins de rigueur ; j'y mettrais peut-être l'unique condition de vous désarmer et de vous plaire. »

Le chien avait à peine fini, qu'en tournant sur le talon, je vois mes ordres s'exécuter plus promptement qu'une décoration ne s'élève à l'Opéra. Les murs de la voûte, ci-devant noirs, humides, couverts de mousse, prenaient une teinte douce, des formes agréables; c'était un salon de marbre jaspé. L'architecture présentait un cintre soutenu par des colonnes. Huit girandoles de cristaux, contenant chacune trois bougies, y répandaient une lumière vive, également distribuée.

Un moment après, la table et le buffet s'arrangent, se chargent de tous les apprêts de notre régal; les fruits et les confitures étaient de l'espèce la plus rare, la plus savoureuse et de la plus belle apparence. La porcelaine employée au service et sur le buffet était du Japon. La petite chienne faisait mille tours dans la salle, mille courbettes autour de moi, comme pour hâter le travail et me demander si j'étais satisfait.

« Fort bien, Biondetta, lui dis-je; prenez un habit de livrée, et allez dire à ces messieurs qui sont près d'ici que je les attends, et qu'ils sont servis. »

A peine avais-je détourné un instant mes regards, je vois sortir un page à ma livrée, lestement vêtu, tenant un flambeau allumé : peu après il revint conduisant sur ses pas mon camarade le Flamand et ses deux amis.

Préparés à quelque chose d'extraordinaire, par l'arrivée et le compliment du page, ils ne l'étaient pas au changement qui s'était fait dans l'endroit où ils m'avaient laissé. Si je n'eusse pas eu la tête occupée, je me serais plus amusé de leur surprise ; elle éclata par leur cri, se manifesta par l'altération de leurs traits et par leurs attitudes.

« Messieurs, leur dis-je, vous avez fait beaucoup de chemin pour l'amour de moi, il nous en reste à faire pour regagner Naples : j'ai pensé que ce petit régal ne vous désobligerait pas, et que vous voudriez bien excuser le peu de choix et le défaut d'abondance en faveur de l'impromptu. »

Mon aisance les déconcerta plus encore que le changement de la scène et la vue de l'élégante collation à laquelle ils se voyaient invités. Je m'en aperçus ; et, résolu de terminer une aventure dont intérieurement je me défiais, je voulus en tirer tout le parti possible, en forçant même la gaieté qui fait le fond de mon caractère.

Je les pressai de se mettre à table, le page avançait les siéges avec une promptitude merveilleuse. Nous étions assis : j'avais rempli les verres, distribué des fruits ; ma bouche seule s'ouvrait pour parler et manger, les autres restaient béantes ; cependant je les engageai à entamer les fruits, ma confiance les détermina : je porte la santé de la plus jolie courtisane de Naples ; nous la buvons. Je parle d'un opéra nouveau, d'une *Improvisatrice* romaine arrivée depuis peu, et dont les talents font du bruit à la cour : je reviens sur les talents agréables, la musique, la sculpture ; et par occasion je les fais convenir de la beauté de quelques marbres qui font l'ornement du salon. Une bouteille se vide, est remplacée par une meilleure. Le page se multiplie, et le service ne languit pas un instant. Je jette l'œil sur lui à la dérobée : figurez-vous l'amour en trousse de page; mes compagnons d'aventure le lorgnaient de leur côté d'un air où se peignaient la surprise, le plaisir et l'inquiétude. La monotonie de cette situation me déplut; je vis qu'il était temps de la rompre.

« Biondetto, dis-je au page, la signora Fiorentina m'a promis de me donner un instant; voyez si elle ne serait point arrivée. »

Biondetto sort de l'appartement.

Mes hôtes n'avaient point encore eu le temps de s'étonner de la bizarrerie du message, qu'une porte du salon s'ouvre, et Fiorentina entre tenant sa harpe : elle était dans un déshabillé étoffé et modeste; un chapeau de voyage et un crêpe très-clair sur les yeux; elle pose sa harpe à côté d'elle, salue avec aisance, avec grâce.

« Seigneur dom Alvare, dit-elle, je n'étais point prévenue que vous eussiez compagnie ; je ne me serais point présentée vêtue comme je suis; ces messieurs voudront bien excuser une voyageuse. »

Elle s'assied, et nous lui offrons à l'envi les reliefs de notre petit festin, auxquels elle touche par complaisance.

« Quoi! madame, lui dis-je, vous ne faites que passer par Naples? On ne saurait vous y retenir.

— Un engagement déjà ancien m'y force, seigneur; on a eu des bontés pour moi à Venise au carnaval dernier; on m'a fait promettre de revenir, et j'ai touché des arrhes : sans cela je n'aurais pu me refuser aux avantages que m'offrait ici la cour, et à l'espoir de mériter les suffrages de la noblesse napolitaine, distinguée par son goût au-dessus de toute celle d'Italie. »

Les deux Napolitains se courbent pour répondre à l'éloge, saisis par la vérité de la scène, au point de se frotter les yeux. Je pressai la virtuose de nous faire entendre un échantillon de son talent. Elle était enrhumée, fatiguée ; elle craignait avec justice de déchoir dans notre opinion. Enfin elle se détermina à exécuter un récitatif *obligé* et une ariette pathétique qui terminaient le troisième acte de l'opéra dans lequel elle devait débuter.

Elle prend sa harpe, prélude avec une petite main longuette, potelée, tout à la fois blanche et purpurine, dont les doigts insensiblement arrondis par le bout étaient terminés par un ongle dont la forme et la grâce étaient inconcevables : nous étions tous surpris, nous croyions être au plus délicieux concert.

La dame chante. On n'a pas, avec plus de gosier, plus d'âme, plus d'expression ; on ne saurait rendre plus en chargeant moins. J'étais ému jusqu'au fond du cœur, et j'oubliais presque que j'étais le créateur du charme qui me ravissait.

La cantatrice m'adressait les expressions tendres de son récit et de son chant. Le feu de ses regards perçait à travers le voile ; il était d'un pénétrant, d'une douceur inconcevables : ces yeux ne m'étaient pas inconnus. Enfin, en assemblant les traits, tels que le voile me les laissait apercevoir, je reconnus dans Fiorentina le fripon de Biondetto ; mais l'élégance, l'avantage de la taille se faisaient beaucoup plus remarquer sous l'ajustement de femme que sous l'habit de page.

Quand la cantatrice eut fini de chanter, nous lui donnâmes de justes éloges. Je voulus l'engager à nous exécuter une ariette vive pour nous donner lieu d'admirer la diversité de ses talents.

« Non, répondit-elle ; je m'en acquitterais mal dans la disposition d'âme où je suis ; d'ailleurs, vous avez dû vous apercevoir de l'effort que j'ai fait pour vous obéir. Ma voix se ressent du voyage, elle est voilée : vous êtes prévenus que je pars cette nuit. C'est un cocher de louage qui m'a conduite, je suis à ses ordres ; je vous demande en grâce d'agréer mes excuses, et de me permettre de me retirer. »

En disant cela, elle se lève, veut emporter sa harpe. Je la lui prends des mains ; et, après l'avoir reconduite jusqu'à la porte par laquelle elle s'était introduite, je rejoins la compagnie.

Je devais avoir inspiré de la gaieté, et je voyais de la contrainte dans les regards ; j'eus recours au vin de Chypre. Je l'avais trouvé délicieux, il m'avait rendu mes forces, ma présence d'esprit ; je doublais la dose ; et comme l'heure s'avançait, je dis à mon page, qui s'était remis à son poste derrière mon siége, d'aller faire avancer ma voiture. Biondetto sort sur-le-champ, va remplir mon intention.

« Vous avez ici un équipage, me dit Soberano ?

— Oui, répliquai-je, je me suis fait suivre, et j'ai imaginé que si notre partie se prolongeait, vous ne seriez pas fâchés d'en revenir commodément. Buvons encore un coup, nous ne courrons pas les risques de faire de faux pas en chemin. »

Ma phrase n'était pas achevée, que le page rentre suivi de deux grands estafiers bien tournés, superbement vêtus à ma livrée.

« Seigneur dom Alvare, me dit Biondetto, je n'ai pu faire approcher votre voiture ; elle est au delà, mais tout auprès de ces débris dont ces lieux-ci sont entourés. »

Nous nous levons, Biondetto et les estafiers nous précèdent ; on marche.

Comme nous ne pouvions aller quatre de front entre des bases et des colonnes brisées, Soberano, qui se trouvait seul à côté de moi, me serra la main.

« Vous nous donnez un beau régal, ami ; il vous coûtera cher.

— Ami, répliquai-je, je suis trop heureux s'il vous a fait plaisir ; je vous le donne pour ce qu'il me coûte. »

Nous arrivons à la voiture ; nous trouvons deux autres estafiers, un cocher, un postillon, une voiture de campagne à mes ordres aussi commode qu'on eût pu le désirer. J'en fais les honneurs, et nous prenons légèrement le chemin de Naples.

Nous gardâmes quelque temps le silence ; enfin un des amis de Soberano le rompt :

« Je ne vous demande point votre secret, Alvare ; mais il faut que vous ayez fait des conventions singulières. Jamais personne ne fut servi comme vous l'êtes ; et depuis quarante ans que je travaille, je n'ai pas obtenu le quart des complaisances que l'on vient d'avoir pour vous dans une soirée. Je ne parle pas de la plus céleste vision qu'il soit possible d'avoir, tandis que l'on afflige nos yeux plus souvent qu'on ne songe à les réjouir ; enfin, vous savez vos affaires, vous êtes jeune ; à votre âge on désire trop pour se laisser le temps de réfléchir, et on précipite ses jouissances. »

Bernadillo, c'était le nom de cet homme, s'écoutait en me parlant, et me donnait le temps de penser à ma réponse.

« J'ignore, lui répliquai-je, par où j'ai pu m'attirer des faveurs distinguées ; j'augure qu'elles seront très-courtes, et ma consolation sera de les avoir toutes partagées avec de bons amis. » On vit que je me tenais sur la réserve, et la conversation tomba.

Cependant le silence amena la réflexion : je me rappelai les discours de Soberano et de Bernadillo, et conclus que je venais de sortir du plus mauvais pas dans lequel une curiosité vaine et la témérité eussent jamais engagé un homme de ma sorte. Je ne manquais pas d'instruction ; j'avais été élevé jusqu'à treize ans sous les yeux de dom Bernardo de Maravillas, mon père, gentilhomme sans reproche, et par dona Mencia, ma mère, la femme la plus religieuse, la plus respectable qui fût dans l'Estramadure. « Oh, ma mère! disais-je, que penseriez-vous de votre fils, si vous l'aviez-vu, si vous le voyiez encore? Mais cela ne durera pas, je m'en donne parole. »

Cependant la voiture arrivait à Naples. Je reconduisis chez eux les amis de Soberano. Lui et moi revînmes à notre quartier. Le brillant de mon équipage éblouit un peu la garde devant laquelle nous passâmes en revue, mais les grâces de Biondetto qui était sur le devant du carrosse frappèrent encore davantage les spectateurs.

Le page congédie la voiture et la livrée, prend un flambeau de la main des estafiers, et traverse les casernes pour me conduire à mon appartement : mon valet de chambre, encore plus étonné que les autres, voulait parler pour me demander des nouvelles du nouveau train dont je venais de faire la montre.

« C'en est assez, Carle, lui dis-je en entrant dans mon appartement, je n'ai pas besoin de vous : allez vous reposer, je vous parlerai demain. »

Nous sommes seuls dans ma chambre, et Biondetto a fermé la porte sur nous ; ma situation était moins embarrassante au milieu de la compagnie dont je venais de me séparer, et de l'endroit tumultueux que je venais de traverser.

Voulant terminer l'aventure, je me recueillis un instant. Je jette les yeux sur le page, les siens sont fixés vers la terre ; une rougeur lui monte sensiblement au visage : sa contenance décèle de l'embarras et beaucoup d'émotion ; enfin je prends sur moi de lui parler.

« Biondetto, vous m'avez bien servi, vous avez même mis des grâces à ce que vous avez fait pour moi ; mais comme vous vous étiez payé d'avance, je pense que nous sommes quittes.....

— Dom Alvare est trop noble, pour croire qu'il ait pu s'acquitter à ce prix.....

— Si vous avez fait plus que vous ne me devez, si je vous dois de reste, donnez votre compte ; mais je ne vous réponds pas que vous soyiez payé promptement. Le quartier courant est mangé ; je dois au jeu, à l'auberge, au tailleur....

— Vous plaisantez hors de propos....

— Si je quitte le ton de plaisanterie, ce sera pour vous prier de vous retirer, car il est tard et il faut que je me couche....

— Et vous me renverriez incivilement à l'heure qu'il est? Je n'ai pas dû m'attendre à ce traitement de la part d'un cavalier espagnol. Vos amis savent que je suis venu ici ; vos soldats, vos gens m'ont vue, et ont deviné mon sexe. Si j'étais une vile courtisane, vous auriez quelque égard pour les bienséances de mon état ; mais votre procédé pour moi est flétrissant, ignominieux : il n'est pas de femme qui n'en fût humiliée....

— Il vous plaît donc à présent d'être femme pour vous concilier des égards? Eh bien! pour sauver le scandale de votre retraite, ayez pour vous le ménagement de la faire par le trou de la serrure....

— Quoi! sérieusement, sans savoir qui je suis....

— Puis-je l'ignorer?...

— Vous l'ignorez, vous dis-je, vous n'écoutez que vos préventions; mais, qui que je sois, je suis à vos pieds, les larmes aux yeux : c'est à titre de client que je vous implore. Une imprudence plus grande que la vôtre, excusable peut-être, puisque vous en êtes l'objet, m'a fait aujourd'hui tout braver, tout sacrifier pour vous obéir, me donner à vous et vous suivre. J'ai révolté contre moi les passions les plus cruelles, les plus implacables ; il ne me reste de protection que la vôtre, d'asile que votre chambre : me la fermerez-vous, Alvare ? Sera-t-il dit qu'un cavalier espagnol aura traité avec cette rigueur, cette indignité, quelqu'un qui a sacrifié pour lui une âme sensible, un être faible dénué de tout autre secours que le sien, en un mot, une personne de mon sexe? »

Je reculais autant qu'il m'était possible, pour me tirer d'embarras ; mais elle embrassait mes genoux, et me suivait sur les siens : enfin, je suis rangé contre le mur. « Relevez-vous, lui dis-je, vous venez sans y penser de me prendre par mon serment.

« Quand ma mère me donna ma première épée, elle me fit jurer sur la garde de servir toute ma vie les femmes et de n'en pas désobliger une seule. Quand ce serait ce que je pense, que c'est aujourd'hui...

— Eh bien ! cruel, à quel titre que ce soit, permettez-moi de coucher dans votre chambre...

— Je le veux pour la rareté du fait, et mettre le comble à la bizarrerie de mon aventure. Cherchez à vous arranger de manière que je ne vous voie ni ne vous entende ; au premier mot, au premier mouvement, capables de me donner de l'inquiétude, je grossis le son de ma voix pour vous demander à mon tour, *Che vuoi?* »

Je lui tourne le dos, et m'approche de mon lit pour me déshabiller.

« Vous aiderai-je, me dit-on....

— Non, je suis militaire et me sers moi-même. Je me couche. »

A travers la gaze de mon rideau, je vois le prétendu page arranger dans le coin de ma chambre une natte usée qu'il a trouvée dans une garderobe. Il s'assied dessus, se déshabille entièrement, s'enveloppe d'un de mes manteaux qui était sur un siége, éteint la lumière, et la scène finit là pour le moment ; mais elle recommença bientôt dans mon lit, où je ne pouvais trouver le sommeil.

Il semblait que le portrait du page fût attaché au ciel du lit et aux quatre colonnes ; je ne voyais que lui. Je m'efforçais en vain de lier avec cet objet ravissant l'idée du fantôme épouvantable que j'avais vu ; la première apparition servait à relever le charme de la dernière.

Ce chant mélodieux, que j'avais entendu sous la voûte, ce son de voix ravissant, ce parler qui semblait venir du cœur, retentissaient encore dans le mien, et excitaient un frémissement singulier.

« Ah ! Biondetta, disais-je, si vous n'étiez pas un être fantastique ! si vous n'étiez pas ce vilain dromadaire ! Mais à quel mouvement me laissé-je emporter ? J'ai triomphé de la frayeur, déracinons un sentiment plus dangereux. Quelle douceur puis-je en attendre ? ne tiendrait-il pas toujours de son origine ? Le feu de ses regards si touchants, si doux, est un cruel poison. Cette bouche si bien formée, si coloriée, si fraîche, et en apparence si naïve, ne s'ouvre que pour des impostures. Ce cœur, si c'en était un, ne s'échaufferait que pour une trahison. »

Pendant que je m'abandonnais aux réflexions occasionnées par les mouvements divers dont j'étais agité, la lune, parvenue au haut de l'hémisphère, et dans un ciel sans nuages, dardait tous ses rayons dans ma chambre à travers trois grandes croisées.

Je faisais des mouvements prodigieux dans mon lit : il n'était pas neuf ; le bois s'écarte, et les trois planches qui soutenaient mon sommier tombent avec fracas.

Biondetta se lève, accourt à moi avec le ton de la frayeur. « Dom Alvare, quel malheur vient de vous arriver ? »

Comme je ne la perdais pas de vue, malgré mon accident, je la vis se lever, accourir : sa chemise était une chemise de page, et au passage, la lumière de la lune ayant frappé sur sa cuisse, avait paru gagner au reflet.

Fort peu ému du mauvais état de mon lit, qui ne m'exposait qu'à être un peu plus mal couché, je le fus bien davantage de me trouver serré dans les bras de Biondetta.

« Il ne m'est rien arrivé, lui dis-je, retirez-vous. Vous courez sur le carreau sans pantoufles, vous allez vous enrhumer, retirez-vous...

— Mais vous êtes mal à votre aise....

— Oui, vous m'y mettez actuellement ; retirez-vous, ou, puisque vous voulez être cachée chez moi et près de moi, je vous ordonnerai d'aller dormir dans cette toile d'araignée qui est à l'encoignure de ma chambre. » Elle n'attendit pas la fin de la menace, et alla se coucher sur sa natte, en sanglotant tout bas.

La nuit s'achève, et la fatigue, prenant le dessus, me procure quelques moments de sommeil. Je ne m'éveillai qu'au jour, on devine la route que prirent mes premiers regards. Je cherchais des yeux mon page.

Il était assis tout vêtu, à la réserve de son pourpoint, sur un petit tabouret ; il avait étalé ses cheveux qui tombaient jusqu'à terre, en couvrant, en boucles flottantes et naturelles, son dos et ses épaules, et même entièrement son visage.

Ne pouvant faire mieux, il démêlait sa chevelure avec ses doigts. Jamais peigne d'un plus bel ivoire ne se promena dans une plus épaisse forêt de cheveux blonds-cendrés ; leur finesse était égale à toutes leurs autres perfections ; un petit mouvement que j'avais fait ayant annoncé mon réveil, elle écarte avec ses doigts les boucles qui lui ombrageaient le visage. Figurez-vous l'aurore au printemps, sortant d'entre les vapeurs du matin avec sa rosée, ses fraîcheurs et tous ses parfums.

« Biondetta, lui dis-je, prenez un peigne, il y en a dans le tiroir de ce bureau. » Elle obéit. Bientôt, à l'aide d'un ruban, ses cheveux sont rattachés sur sa tête avec autant d'adresse que d'élégance. Elle prend son pourpoint, met le comble à son ajustement, et s'assied sur son siége d'un air timide, embarrassé, inquiet, qui sollicitait vivement la compassion.

« S'il faut, me disais-je, que je voie dans la journée mille tableaux plus piquants les uns que les autres, assurément je n'y tiendrai pas ; amenons le dénoûment, s'il est possible. »

Je lui adresse la parole : « Le jour est venu, Biondetta ; les bienséances sont remplies, vous pouvez sortir de ma chambre sans craindre le ridicule.

— Je suis, me répondit-elle, maintenant au-dessus de cette frayeur ; mais vos intérêts et les miens m'en inspirent une beaucoup plus fondée. Ils ne permettent pas que nous nous séparions.

— Vous vous expliquerez, lui dis-je.

— Je vais le faire, Alvare.

« Votre jeunesse, votre imprudence vous ferment les yeux sur les périls que nous avons rassemblés autour de nous. A peine vous vis-je sous la voûte, que cette contenance héroïque à l'aspect de la plus hideuse apparition décida mon penchant : si, me dis-je à moi-même, pour parvenir au bonheur, je dois m'unir à un mortel, prenons un corps : il en est temps. Voilà le héros digne de moi. Dussent s'en indigner les méprisables rivaux dont je lui fais le sacrifice ; dussé-je me voir exposée à leur ressentiment, à leur vengeance ; que m'importe ? Aimée d'Alvare, unie avec Alvare, eux et la nature nous seront soumis. Vous avez vu la suite ; voici les conséquences.

« L'envie, la jalousie, le dépit, la rage me préparent les châtiments les plus cruels auxquels puisse être soumis un être de mon espèce, dégradé par son choix ; et vous seul pouvez m'en garantir. A peine est-il jour, et déjà les délateurs sont en chemin pour vous déférer, comme nécromancien, à ce tribunal que vous connaissez.

» Dans une heure....

— Arrêtez, m'écriai-je, en me mettant les poings fermés sur les yeux ; vous êtes le plus adroit, le plus insigne des faussaires. Vous parlez d'amour, vous en présentez l'image, vous en empoisonnez l'idée ; je vous défends de m'en dire un mot ; laissez-moi me calmer assez, si je le puis, pour devenir capable de prendre une résolution.

» S'il faut que je tombe entre les mains du tribunal, je ne balance pas, pour ce moment-ci, entre vous et lui ; mais si vous m'aidez à me tirer d'ici, à quoi m'engagerai-je ? Puis-je me séparer de vous quand je le voudrai ? Je vous somme de me répondre avec clarté et précision....

— Pour vous séparer de moi, Alvare, il suffira d'un acte de votre volonté. J'ai même regret que ma soumission soit forcée. Si vous méconnaissez mon zèle par la suite, vous serez imprudent, ingrat....

— Je ne crois rien, sinon qu'il faut que je parte. Je vais éveiller mon valet-de-chambre : il faut qu'il me trouve de l'argent, qu'il aille à la poste. Je me rendrai à Venise près de Bentinelli, banquier de ma mère....

— Il vous faut de l'argent ? Heureusement je m'en suis précautionné : j'en ai à votre service.....

— Gardez-le. Si vous étiez une femme, en l'acceptant je ferais une bassesse....

— Ce n'est pas un don, c'est un prêt que je vous propose. Donnez-moi un mandement sur le banquier ; faites un état de ce que vous devez ici. Laissez sur votre bureau un ordre à Carle pour payer. Disculpez-vous par lettre auprès de votre commandant sur une affaire indispensable qui vous force à partir sans congé. J'irai à la poste vous chercher une voiture et des chevaux. Mais, auparavant, Alvare, forcée à m'écarter de vous, je retombe dans toutes mes frayeurs : dites : *Esprit qui ne t'es lié à un corps que pour moi, et pour moi seul, j'accepte ton vasselage et t'accorde ma protection.* »

En me prescrivant cette formule, elle s'était jetée à mes genoux, me tenait la main, la pressait, la mouillait de larmes.

J'étais hors de moi, ne sachant quel parti prendre ; je lui laisse ma main qu'elle baise, et je balbutie les mots qui lui semblaient si importants. A peine ai-je fini qu'elle se relève.

« Je suis à vous, s'écrie-t-elle avec transport ; je pourrai devenir la plus heureuse de toutes les créatures. »

En un moment elle s'affuble d'un long manteau, rabat un grand chapeau sur ses yeux, et sort de ma chambre.

J'étais dans une sorte de stupidité. Je trouve un état de mes dettes. Je mets au bas l'ordre à Carle de le payer ; je compte l'argent nécessaire ; j'écris au commandant, à un de mes plus intimes, des lettres qu'ils durent trouver très-extraordinaires. Déjà la voiture et le fouet du postillon se faisaient entendre à la porte.

Biondetta, toujours le nez dans son manteau, revient et m'entraîne. Carle, éveillé par le bruit, paraît en chemise. « Allez, lui dis-je, à mon bureau, vous y trouverez mes ordres. » Je monte en voiture. Je pars.

Biondetta était entrée avec moi dans la voiture. Elle était sur le devant. Quand nous fûmes sortis de la ville, elle ôta le chapeau qui la tenait à l'ombre. Ses cheveux étaient renfermés dans un filet cramoisi : on n'en voyait que la pointe : c'étaient des perles de corail. Son visage, dépouillé de tout autre ornement, brillait de ses seules perfections. On croyait voir un transparent sur son teint. On ne pouvait concevoir comment la douceur, la candeur, la naïveté pouvaient s'allier au caractère de finesse qui brillait dans ses regards. Je me surpris faisant malgré moi ces remarques ; et, les jugeant dangereuses pour mon repos, je fermai les yeux pour essayer de dormir.

Ma tentative ne fut pas vaine, le sommeil s'empara de mes sens, et m'offrit les rêves les plus agréables, les plus propres à délasser mon âme des idées effrayantes et bizarres dont elle avait été fatiguée. Il fut d'ailleurs très-long; et ma mère, par la suite, réfléchissant un jour sur mes aventures, prétendit que cet assoupissement n'avait pas été naturel. Enfin, quand je m'éveillai, j'étais sur les bords du canal sur lequel on s'embarque pour aller à Venise.

La nuit était avancée; je me sens tirer par la manche, c'était un portefaix : il voulait se charger de mes ballots. Je n'avais pas même un bonnet de nuit.

Biondetta se présenta à une autre portière pour me dire que le bâtiment qui devait me conduire était prêt. Je descends machinalement, j'entre dans la felouque, et retombe dans ma léthargie.

Que dirai-je? le lendemain matin je me trouvai logé sur la place Saint-Marc, dans le plus bel appartement de la meilleure auberge de Venise. Je le connaissais. Je le reconnus sur-le-champ. Je vois du linge, une robe de chambre assez riche auprès de mon lit. Je soupçonnai que ce pouvait être une attention de l'hôte chez qui j'étais arrivé dénué de tout.

Je me lève et regarde si je suis le seul objet vivant qui soit dans la chambre; je cherchais Biondetta.

Honteux de ce premier mouvement, je rendis grâce à ma bonne fortune. Cet esprit et moi ne sommes donc pas inséparables : j'en suis délivré; et, après mon imprudence, si je ne perds que ma compagnie aux gardes, je dois m'estimer très-heureux.

Courage, Alvare, continuai-je : il y a d'autres cours, d'autres souverains que celui de Naples; cela doit te corriger si tu n'es pas incorrigible, et tu te conduiras mieux. Si on refuse tes services, une mère tendre, l'Estramadure et un patrimoine honnête te tendent les bras.

Mais que te voulait ce lutin qui ne t'as pas quitté depuis vingt-quatre heures? Il avait pris une figure bien séduisante : il m'a donné de l'argent; je veux le lui rendre.

Comme je parlais encore, je vois arriver mon créancier; il m'amenait deux domestiques et deux gondoliers. « Il faut, dit-il, que vous soyez servi, en attendant l'arrivée de Carle. On m'a répondu, dans l'auberge, de l'intelligence et de la fidélité de ces gens-ci, et voici les plus hardis patrons de la république.

— Je suis content de votre choix, Biondetta, lui dis-je, vous êtes-vous logée ici?

— J'ai pris, me répond le page, les yeux baissés, dans l'appartement même de votre excellence, la pièce la plus éloignée de celle que vous occupez, pour vous causer le moins d'embarras qu'il sera possible. »

Je trouvai du ménagement, de la délicatesse dans cette attention à mettre de l'espace entre elle et moi. Je lui en sus gré.

Au pis-aller, disais-je, je ne saurais la chasser du vague de l'air, s'il lui plaît de s'y tenir invisible pour m'obséder. Quand elle sera dans une chambre connue, je pourrai calculer ma distance. Content de mes raisons, je donnai légèrement mon approbation à tout.

Je voulais sortir pour aller chez le correspondant de ma mère. Biondetta donna ses ordres pour ma toilette ; et quand elle fut achevée, je me rendis où j'avais dessein d'aller.

Le négociant me fit un accueil dont j'eus lieu d'être surpris. Il était à sa banque ; de loin il me caresse de l'œil, vient à moi :

« Dom Alvare, me dit-il, je ne vous croyais pas ici. Vous arrivez très à propos pour m'empêcher de faire une bévue, j'allais vous envoyer deux lettres et de l'argent.

— Celui de mon quartier, lui répondis-je ?

— Oui, répliqua-t-il, et quelque chose de plus. Voilà deux cents sequins en sus, qui sont arrivés ce matin. Un vieux gentilhomme, à qui j'en ai donné le reçu, me les a remis de la part de dona Mencia. Ne recevant pas de vos nouvelles, elle vous a cru malade, et a chargé un Espagnol de votre connaissance de me les remettre pour vous les faire passer.

— Vous a-t-il dit son nom?...

— Je l'ai écrit dans le reçu ; c'est dom Miguel Pimientos, qui dit avoir été écuyer dans votre maison. Ignorant votre arrivée ici, je ne lui ai pas demandé son adresse. »

Je pris l'argent. J'ouvris les lettres : ma mère se plaignait de sa santé, de ma négligence, et ne parlait pas des sequins qu'elle envoyait : je n'en fus que plus sensible à ses bontés.

Me voyant la bourse aussi à propos et aussi bien garnie, je revins gaiement à l'auberge : j'eus de la peine à trouver Biondetta dans l'espèce de logement où elle s'était réfugiée. Elle y entrait par un dégagement distant de ma porte : je m'y aventurai par hasard, et la vis courbée près d'une fenêtre, fort occupée à rassembler et recoller les débris d'un clavecin.

« J'ai de l'argent, lui dis-je, et vous rapporte celui que vous m'avez prêté. »

Elle rougit, ce qui lui arrivait toujours avant de parler : elle chercha mon obligation, me la remit, prit la somme, et se contenta de me dire que j'étais trop exact, et qu'elle eût désiré jouir plus longtemps du plaisir de m'avoir obligé.

« Mais je vous dois encore, lui dis-je ; car vous avez payé les postes. »

Elle en avait l'état sur la table : je l'acquittai. Je sortais avec un sang-froid apparent ; elle me demanda mes ordres ; je n'en eus pas à lui donner, et elle se remit tranquillement à son ouvrage ; elle me tournait le dos : je l'observai quelque temps ; elle semblait très-occupée, et apportait à son travail autant d'adresse que d'activité.

Je revins rêver dans ma chambre. Voilà, disais-je, le pair de ce Caldéron qui allumait la pipe de Soberano ; et, quoiqu'il ait l'air très-distingué, il n'est pas de meilleure maison. S'il ne se rend ni exigeant, ni incommode, s'il n'a pas de prétentions, pourquoi ne le garderais-je pas? Il m'assure d'ailleurs que, pour le renvoyer, il ne faut qu'un acte de ma volonté. Pourquoi me presser de vouloir tout à l'heure ce que je puis vouloir à tous les instants du jour? On interrompit mes réflexions, en m'annonçant que j'étais servi.

Je me mis à table. Biondetta, en grande livrée, était derrière mon siége, attentive à prévenir mes besoins. Je n'avais pas besoin de me retourner pour la voir : trois glaces, disposées dans le salon, répétaient tous ses mouvements. Le dîner fini, on dessert : elle se retire.

L'aubergiste monte, la connaissance n'était pas nouvelle. On était en carnaval ; mon arrivée n'avait rien qui dût le surprendre. Il me félicita sur l'augmentation de mon train, qui supposait un meilleur état dans ma fortune, et se rabattit sur les louanges de mon page, le jeune homme le plus beau, le plus affectionné, le plus intelligent, le plus doux qu'il eût encore vu. Il me demanda si je comptais prendre part aux plaisirs du carnaval : c'était mon intention.

Je pris un déguisement, et montai dans ma gondole.

Je courus la place, j'allai au spectacle, au *Ridotto*. Je jouai, je gagnai quarante sequins, et rentrai assez tard, ayant cherché de la dissipation partout où j'avais cru pouvoir en trouver.

Mon page, un flambeau à la main, me reçoit au bas de l'escalier, me livre aux soins d'un valet de chambre, et se retire, après m'avoir demandé à quelle heure j'ordonnais qu'on entrât chez moi. A l'heure ordinaire, répondis-je, sans savoir ce que je disais, sans penser que personne n'était au fait de ma manière de vivre.

Je me réveillai tard le lendemain, et me levai promptement. Je jetai par hasard les yeux sur les lettres de ma mère, demeurées sur la table. Digne femme! m'écriai-je : que fais-je ici? Que ne vais-je me mettre à l'abri de vos sages conseils? J'irai, ah! j'irai, c'est le seul parti qui me reste.

Comme je parlais haut, on s'aperçut que j'étais éveillé : on entra chez moi, et je revis l'écueil de ma raison. Il avait l'air désintéressé, modeste, soumis, et ne m'en parut que plus dangereux. Il m'annonçait un tailleur et des étoffes : le marché fait, il disparut avec lui jusqu'à l'heure du repas.

Je mangeai peu, et courus me précipiter à travers le tourbillon des amusements de la ville. Je cherchai les masques; j'écoutai, je fis de froides plaisanteries, et terminai la scène par l'opéra, surtout le jeu, jusqu'alors ma passion favorite. Je gagnai beaucoup plus à cette seconde séance qu'à la première.

Dix jours se passèrent dans la même situation de cœur et d'esprit, et à peu près dans des dissipations semblables : je trouvai d'anciennes connaissances, j'en fis de nouvelles. On me présenta aux assemblées les plus distinguées ; je fus admis aux parties des nobles dans leurs casins.

Tout allait bien, si ma fortune au jeu ne s'était pas démentie ; mais je perdis au *Ridotto,* en une soirée, treize cents sequins que j'avais ramassés. On n'a jamais joué d'un plus grand malheur. A trois heures du matin, je me retirai, mis à sec, devant cent sequins à mes connaissances. Mon chagrin était écrit dans mes regards et sur tout mon extérieur. Biondetta me parut affectée ; mais elle n'ouvrit pas la bouche.

Le lendemain, je me levai tard. Je me promenais à grands pas dans ma chambre en frappant des pieds. On me sert, je ne mange point. Le service enlevé, Biondetta reste contre son ordinaire. Elle me fixe un instant, laisse échapper quelques larmes :

« Vous avez perdu de l'argent, dom Alvare, peut-être plus que vous ne pouvez payer...

— Et quand cela serait, où trouverais-je le remède ?...

— Vous m'offensez ; mes services sont toujours à vous au même prix ; mais ils ne s'étendraient pas loin, s'ils n'allaient qu'à vous faire contracter avec moi de ces obligations que vous vous croiriez dans la nécessité de remplir sur-le-champ. Trouvez bon que je prenne un siége : je sens une émotion qui ne me permettrait pas de me tenir debout; j'ai d'ailleurs des choses importantes à vous dire. Voulez-vous vous ruiner?... Pourquoi jouez-vous avec cette fureur, puisque vous ne savez pas jouer?...

— Tout le monde ne sait-il pas les jeux de hasard? Quelqu'un pourrait-il me les apprendre?

— Oui, prudence à part, on apprend les jeux de chance, que vous appelez mal à propos jeux de hasard. Il n'y a point de hasard dans le monde : tout y a été, et sera toujours une suite de combinaisons nécessaires, que l'on ne peut entendre que par la science des nombres dont les principes sont, en même temps, et si abstraits et si profonds, qu'on ne peut les saisir, si l'on n'est conduit par un maître; mais il faut avoir su se le donner et se l'attacher. Je ne puis vous peindre cette connaissance que par une image. L'enchaînement des nombres fait la cadence de l'univers, règle ce qu'on appelle les événements fortuits et prétendus déterminés, les forçant, par des balanciers invisibles, à tomber chacun à leur tour, depuis ce qui se passe d'important dans les sphères éloignées, jusqu'aux misérables petites chances qui vous ont aujourd'hui dépouillé de votre argent. »

Cette tirade scientifique, dans une bouche enfantine, cette proposition un peu brusque de me donner un maître, m'occasionnèrent un léger frisson, un peu de cette sueur froide qui m'avait saisi sous la voûte de Portici. Je fixe Biondetta qui baissait la vue.

« Je ne veux pas de maître, lui dis-je, je craindrais d'en trop apprendre ; mais essayez de me prouver qu'un gentilhomme peut savoir un peu plus que le jeu, et s'en servir sans compromettre son caractère. »

Elle prit la thèse ; et voici, en substance, l'abrégé de sa démonstration.

« La banque est combinée sur le pied d'un profit exorbitant qui se renouvelle à chaque taille ; si elle ne courait pas de risque, la république ferait un vol manifeste aux particuliers. Mais les calculs que nous pouvons faire sont supposés, et la banque a toujours beau jeu, en tenant une personne instruite sur dix mille dupes. »

La conviction fut poussée plus loin. On m'enseigna une combinaison, très-simple en apparence ; je n'en devinai pas les principes, mais, dès le soir même, j'en connus l'infaillibilité par le succès.

En un mot, je regagnai, en la suivant, tout ce que j'avais perdu, payai mes dettes de jeu, et rendis, en rentrant, à Biondetta, l'argent qu'elle m'avait prêté pour tenter l'aventure.

J'étais en fonds, mais plus embarrassé que jamais. Mes défiances s'étaient renouvelées sur les desseins de l'être dangereux dont j'avais agréé les services. Je ne savais pas décidément si je pourrais l'éloigner de moi : en tout cas, je n'avais pas la force de le vouloir. Je détournais les yeux pour ne pas le voir où il était, et le voyais partout où il n'était pas.

Le jeu cessait de m'offrir une dissipation attachante. Le pharaon, que j'aimais passionnément, n'étant plus assaisonné par les risques, avait perdu tout ce qu'il avait de piquant pour moi. Les singeries du carnaval m'ennuyaient; les spectacles m'étaient insipides. Quand j'aurais eu le cœur assez libre pour désirer de former une liaison parmi les femmes du haut parage, j'étais rebuté d'avance par la langueur, le cérémonial et la contrainte de la cicisbeature. Il me restait la ressource des casins des nobles, où je ne voulais plus jouer, et la société des courtisanes.

Parmi les femmes de cette dernière espèce, il y en avait quelques-unes plus distinguées par l'élégance de leur faste et l'enjouement de leur société que par leurs agréments personnels. Je trouvais dans leur maison une liberté réelle dont j'aimais à jouir, une gaieté bruyante qui pouvait m'étourdir, si elle ne pouvait ma plaire; enfin un abus continuel de la raison, qui me tirait pour quelques moments des entraves de la mienne. Je faisais des galanteries à toutes les femmes de cette espèce chez lesquelles j'étais admis, sans avoir de projets sur aucune; mais la plus célèbre d'entre elles avait des desseins sur moi qu'elle fit bientôt éclater.

On la nommait Olympia. Elle avait vingt-six ans, beaucoup de beauté, de talent et d'esprit. Elle me laissa bientôt apercevoir du goût qu'elle avait pour moi; et, sans en avoir pour elle, je me jetai à sa tête pour me débarrasser en quelque sorte de moi-même.

Notre liaison commença brusquement; et, comme j'y trouvais peu de charmes, je jugeai qu'elle finirait de même, et qu'Olympia, ennuyée de mes distractions auprès d'elle, chercherait bientôt un amant qui lui rendît plus de justice, d'autant plus que nous nous étions pris sur le pied de la passion la plus désintéressée ; mais notre planète en décidait autrement. Il fallait sans doute, pour le châtiment de cette femme superbe et emportée, et pour me jeter dans des embarras d'une autre espèce, qu'elle conçût un amour effréné pour moi.

Déjà je n'étais plus le maître de revenir le soir à mon auberge, et j'étais accablé, pendant la journée, de billets, de messages et de surveillants.

On se plaignait de mes froideurs. Une jalousie qui n'avait pas encore trouvé d'objet, s'en prenait à toutes les femmes qui pouvaient attirer mes regards, et aurait exigé de moi jusqu'à des incivilités pour elles, si l'on eût pu entamer mon caractère. Je me déplaisais dans ce tourment presque perpétuel; mais il fallait bien y vivre. Je cherchais de bonne foi à aimer Olympia, pour aimer quelque chose, et me distraire du goût dangereux que je me connaissais ; cependant, une scène plus vive se préparait.

J'étais sourdement observé dans mon auberge, par les ordres de la courtisane.

« Depuis quand, me dit-elle un jour, avez-vous

ce beau page qui vous intéresse tant, à qui vous témoignez tant d'égards, et que vous ne cessez de suivre des yeux quand son service l'appelle dans votre appartement? Pourquoi lui faites-vous observer cette retraite austère? car on ne le voit jamais dans Venise.

— Mon page, répondis-je, est un jeune homme bien né, de l'éducation duquel je suis chargé par devoir. C'est...

— C'est, reprit-elle les yeux enflammés de courroux, traître; c'est une femme! Un de mes affidés lui a vu faire sa toilette, par le trou de la serrure...

— Je vous donne ma parole d'honneur que ce n'est pas une femme...

— N'ajoute pas le mensonge à la trahison. Cette femme pleurait : on l'a vue; elle n'est pas heureuse. Tu ne sais que faire le tourment des cœurs qui se donnent à toi. Tu l'as abusée comme tu m'abuses, et tu l'abandonnes. Renvoie à ses parents cette personne; et, si tes prodigalités t'ont mis hors d'état de lui faire justice, qu'elle la tienne de moi. Tu lui dois un sort : je le lui ferai; mais je veux qu'elle disparaisse demain.

— Olympia, repris-je le plus froidement qu'il me fut possible, je vous ai juré, je vous le répète, et vous jure encore que ce n'est pas une femme; et plût au ciel!...

— Que veulent dire ces mensonges, et ce plût au ciel! monstre? Renvoie-la, te dis-je, ou... mais j'ai d'autres ressources; je te démasquerai, et elle entendra raison, si tu n'es pas susceptible de l'entendre. »

Excédé par ce torrent d'injures et de menaces, mais affectant de n'être point ému, je me retirai chez moi, quoiqu'il fût tard.

Mon arrivée parut surprendre mes domestiques, et surtout Biondetta : elle témoigna quelque inquiétude sur ma santé : je répondis qu'elle n'était point altérée. Je ne lui parlais presque jamais depuis ma liaison avec Olympia, et il n'y avait eu aucun changement dans sa conduite à mon égard, mais on en remarquait dans ses traits; il y avait, sur le ton général de sa physionomie, une teinte d'abattement et de mélancolie.

Le lendemain, à peine étais-je éveillé que Biondetta entre dans ma chambre, une lettre à la main. Elle me la remet, et je lis :

Au prétendu Biondetto.

« Je ne sais qui vous êtes, madame, ni ce que
» vous pouvez faire chez dom Alvare; mais vous
» êtes trop jeune pour n'être pas excusable, et en
» de trop mauvaises mains pour ne pas exciter la
» compassion. Ce cavalier vous aura promis ce qu'il
» promet à tout le monde, ce qu'il me jure encore
» tous les jours, quoique déterminé à nous trahir.
» On dit que vous êtes sage autant que belle; vous
» serez susceptible d'un bon conseil. Vous êtes en
» âge, madame, de réparer le tort que vous pouvez

» vous être fait; une âme sensible vous en offre les
» moyens. On ne marchandera point sur la force du
» sacrifice que l'on doit faire pour assurer votre re-
» pos. Il faut qu'il soit proportionné à votre état,
» aux vues que l'on vous a fait abandonner, à celles
» que vous pouvez avoir pour l'avenir, et par consé-
» quent vous réglerez tout vous-même. Si vous per-
» sistez à vouloir être trompée et malheureuse, et à
» en faire d'autres, attendez-vous à tout ce que le
» désespoir peut suggérer de plus violent à une ri-
» vale. J'attends votre réponse. »

Après avoir lu cette lettre, je la remis à Biondetta.

« Répondez, lui dis-je, à cette femme qu'elle est folle, et vous savez mieux que moi combien elle est...

— Vous la connaissez, dom Alvare? n'appréhendez-vous rien d'elle?...

— J'appréhende qu'elle ne m'ennuie plus longtemps, ainsi je la quitte; et pour m'en délivrer plus sûrement, je vais louer ce matin une jolie maison que l'on m'a proposée sur la Brenta. »

Je m'habillai sur-le-champ, et allai conclure mon marché. Chemin faisant, je réfléchissais aux menaces d'Olympia. « Pauvre folle! disais-je, elle veut tuer... » Je ne pus jamais, et sans savoir pourquoi, prononcer le mot.

Dès que j'eus terminé mon affaire, je revins chez moi, je dînai; et, craignant que la force de l'habitude ne m'entraînât chez la courtisane, je me déterminai à ne pas sortir de la journée.

Je prends un livre. Incapable de m'appliquer à la lecture, je le quitte ; je vais à la fenêtre, et la foule et la variété des objets me choquent au lieu de me distraire. Je me promène à grands pas dans mon appartement, cherchant la tranquillité de l'esprit dans l'agitation continuelle du corps.

Dans cette course indéterminée, mes pas s'adressent vers une garderobe sombre, où mes gens renfermaient les choses nécessaires à mon service qui ne devaient pas se trouver sous la main. Je n'y étais jamais entré : l'obscurité du lieu me plaît ; je m'assieds sur un coffre et y passe quelques minutes.

Au bout de ce court espace de temps, j'entends du bruit dans une pièce voisine ; un petit jour qui me donne dans les yeux m'attire vers une porte condamnée : il s'échappait par le trou de la serrure ; j'y applique l'œil.

Je vois Biondetta assise vis-à-vis de son clavecin, les bras croisés, dans l'attitude d'une personne qui rêve profondément. Elle rompit le silence.

« Biondetta ! Biondetta ! dit-elle. Il m'appelle Biondetta. C'est le premier, c'est le seul mot caressant qui soit sorti de sa bouche. »

Elle se tait, et paraît retomber dans sa rêverie. Elle pose enfin les mains sur le clavecin que je lui avais vu raccommoder. Elle avait devant elle un livre fermé sur le pupitre ; elle prélude et chante à demi-voix en s'accompagnant.

Je démêlai sur-le-champ que ce qu'elle chantait n'était pas une composition arrêtée. En prêtant mieux l'oreille, j'entendis mon nom, celui d'Olympia ; elle improvisait en prose sur sa prétendue situation, sur celle de sa rivale qu'elle trouvait bien plus heureuse que la sienne, enfin sur les rigueurs que j'avais pour elle, et les soupçons qui occasionnaient une défiance qui m'éloignait de mon bonheur. Elle m'aurait conduit dans la route des grandeurs, de la fortune et des sciences, et j'aurais fait sa félicité.

« Hélas ! disait-elle, cela est impossible. Quand il me méconnaîtrait pour ce que je suis, mes faibles charmes ne pourraient l'arrêter ; une autre... »

La passion l'emportait et les larmes semblaient la suffoquer. Elle se lève, va prendre un mouchoir, s'essuie et se rapproche de l'instrument ; elle veut se rasseoir, et, comme si le peu de hauteur du siège l'eût tenue ci-devant dans une attitude trop gênée, elle prend le livre qui était sur son pupitre, le met sur le tabouret, s'assied et prélude de nouveau.

Je compris bientôt que la seconde scène de musique ne serait pas de l'espèce de la première. Je reconnus l'air d'une barcarolle fort en vogue alors à Venise. Elle le répéta deux fois ; puis, d'une voix plus distincte et plus assurée, elle chanta les paroles suivantes :

> Hélas ! quelle est ma chimère,
> Fille du ciel et des airs !
> Pour Alvare et pour la terre
> J'abandonne l'univers ;

Sans éclat et sans puissance,
Je m'abaisse jusqu'aux fers ;
Et quelle est ma récompense !
On me dédaigne et je sers.

Coursier, la main qui vous mène
S'empresse à vous caresser :
Ou vous captive, on vous gêne ;
Mais on craint de vous blesser.
Des efforts qu'on vous fait faire,
Sur vous l'honneur rejaillit,
Et le frein qui vous modère
Jamais ne vous avilit.

Alvare, une autre t'engage,
Et m'éloigne de ton cœur :
Dis-moi par quel avantage
Elle a vaincu ta froideur ?
On pense qu'elle est sincère,
On s'en rapporte à sa foi ;
Elle plaît, je ne puis plaire ;
Le soupçon est fait pour moi.

La cruelle défiance
Empoisonne le bienfait.
On me craint en ma présence,
En mon absence on me hait.
Mes tourments, je les suppose ;
Je gémis, mais sans raison ;
Si je parle, j'en impose ;
Je me tais, c'est trahison.

Amour, tu fis l'imposture,
Je passe pour l'imposteur ;
Ah ! pour venger notre injure,
Dissipe enfin son erreur.
Fais que l'ingrat me connaisse,
Et quel qu'en soit le sujet,

Qu'il déteste une faiblesse
Dont je ne suis pas l'objet.

Ma rivale est triomphante,
Elle ordonne de mon sort,
Et je me vois dans l'attente
De l'exil ou de la mort :
Ne brisez pas votre chaîne,
Mouvements d'un cœur jaloux ;
Vous éveillerez la haine,
Je me contrains : taisez-vous.

Le son de la voix, le chant, le sens des vers, leur tournure, me jettent dans un désordre que je ne puis exprimer.

« Être fantastique, dangereuse imposture ! m'écriai-je en sortant avec rapidité du poste où j'étais demeuré trop longtemps, peut-on mieux emprunter les traits de la vérité et de la nature ? Que je suis heureux de n'avoir connu que d'aujourd'hui le trou de cette serrure, comme je serais venu m'enivrer, combien j'aurais aidé à me tromper moi-même ! Sortons d'ici. Allons sur la Brenta dès demain. Allons-y ce soir. »

J'appelle sur-le-champ un domestique, et fais dépêcher dans une gondole ce qui m'était nécessaire pour aller passer la nuit dans ma nouvelle maison.

Il m'eût été trop difficile d'attendre la nuit dans mon auberge. Je sortis. Je marchais au hasard. Au détour d'une rue, je crus voir entrer dans un café ce Bernadillo qui accompagnait Soberano dans notre promenade à Portici. Autre fantôme ! dis-je, ils me poursuivent. J'entrai dans ma gondole, et courus tout Venise de canal en canal ; il était onze heures quand je rentrai. Je voulus partir pour la Brenta ; et mes gondoliers fatigués refusant le service, je fus obligé d'en faire appeler d'autres : ils arrivèrent ; et mes gens, prévenus de mes intentions, me précèdent dans la gondole, chargés de leurs propres effets. Biondetta me suivait.

A peine ai-je les deux pieds dans le bâtiment, que des cris me forcent à me retourner. Un masque poignardait Biondetta. « Tu l'emportes sur moi ! meurs, meurs, odieuse rivale ! »

L'exécution fut si prompte qu'un de mes gondoliers, resté sur le rivage, ne put l'empêcher. Il voulut attaquer l'assassin en lui portant le flambeau dans les yeux ; un autre masque accourt et le repousse avec une action menaçante, une voix étonnante, que je crus reconnaître pour celle de Bernadillo.

Hors de moi, je m'élance de la gondole. Les meurtriers ont disparu. A l'aide du flambeau je vois Biondetta pâle, baignée dans son sang, expirante.

Mon état ne saurait se peindre. Toute autre idée s'efface. Je ne vois plus qu'une femme adorée, victime d'une prévention ridicule, sacrifiée à ma vaine et extravagante confiance, et accablée par moi jusque-là des plus cruels outrages.

Je me précipite, j'appelle en même temps le secours et la vengeance. Un chirurgien, attiré par l'éclat de cette aventure, se présente. Je fais trans=

porter la blessée dans mon appartement ; et, de peur qu'on ne la ménageât point assez, je me chargeai moi-même de la moitié du fardeau.

Quand on l'eut déshabillée, quand je vis ce beau corps sanglant atteint de deux énormes blessures, qui semblaient devoir attaquer toutes deux les sources de la vie, je dis, je fis mille extravagances.

Biondetta, présumée sans connaissance, ne devait pas les entendre ; mais l'aubergiste et ses gens, un chirurgien, deux médecins appelés jugèrent qu'il était dangereux pour la blessée qu'on me laissât auprès d'elle. On m'entraîna hors de la chambre.

On laissa mes gens auprès de moi ; mais, un d'eux ayant eu la maladresse de me dire que la faculté avait jugé les blessures mortelles, je poussai des cris aigus. Fatigué enfin par mes emportements, je tombai dans un abattement qui fut suivi du sommeil.

Je crus voir ma mère en rêve, je lui racontai mon aventure ; et, pour la lui rendre plus sensible, je la conduisis vers les ruines de Portici.

« N'allons pas là, mon fils, me disait-elle, vous êtes dans un danger évident. »

Comme nous passions dans un défilé étroit où je m'engageais avec sécurité, une main tout à coup me pousse dans un précipice ; je la reconnais, c'est celle de Biondetta. Je tombais, une main me retire, et je me trouve entre les bras de ma mère. Je me réveille, encore haletant de frayeur.

« Tendre mère ! m'écriai-je, vous ne m'abandonnez pas, même en rêve.

Biondetta! vous voulez me perdre! Mais ce songe est l'effet du trouble de mon imagination. Ah! chassons des idées qui me feraient manquer à la reconnaissance, à l'humanité.

J'appelle un domestique et fais demander des nouvelles. « Deux chirurgiens veillent : on a beaucoup tiré de sang; on craint la fièvre. »

Le lendemain après l'appareil levé, on décida que les blessures n'étaient dangereuses que par la profondeur; mais la fièvre survient, redouble, et il faut épuiser le sujet par de nouvelles saignées.

Je fis tant d'instances pour entrer dans l'appartement, qu'il ne fut pas possible de s'y refuser. Biondetta avait le transport, et répétait sans cesse mon nom. Je la regardais. Elle ne m'avait jamais paru si belle.

Est-ce là, me disais-je, ce que je prenais pour un fantôme colorié, un amas de vapeurs brillantes uniquement rassemblées pour en imposer à mes sens?

Elle avait la vie comme je l'ai, et la perd parce que je n'ai jamais voulu l'entendre, parce que je l'ai volontairement exposée. Je suis un tigre, un monstre.

Si tu meurs, objet le plus digne d'être chéri! et dont j'ai si indignement reconnu les bontés, je ne veux pas te survivre. Je mourrai après avoir sacrifié sur ta tombe la barbare Olympia.

Si tu m'es rendue, je serai à toi, je reconnaîtrai tes bienfaits, je couronnerai tes vertus, ta patience;

je me lie par des liens indissolubles, et ferai mon devoir de te rendre heureuse par le sacrifice aveugle de mes sentiments et de mes volontés.

Je ne peindrai point les efforts pénibles de l'art et de la nature pour rappeler à la vie un corps qui semblait devoir succomber sous les ressources mises en œuvre pour le soulager.

Vingt et un jours se passèrent sans qu'on pût se décider entre la crainte et l'espérance : enfin, la fièvre se dissipa, et il parut que la malade reprenait connaissance.

Je l'appelais ma chère Biondetta, elle me serra la main. Depuis cet instant, elle reconnut tout ce qui était autour d'elle. J'étais à son chevet : ses yeux se tournèrent sur moi ; les miens étaient baignés de larmes. Je ne saurais peindre, quand elle me regarda, les grâces, l'expression de son sourire.

« Chère Biondetta ! reprit-elle ; je suis la chère Biondetta d'Alvare. » Elle voulait m'en dire davantage : on me força encore une fois de m'éloigner.

Je pris le parti de rester dans sa chambre, dans un endroit où elle ne pût pas me voir. Enfin, j'eus la permission d'en approcher.

« Biondetta, lui dis-je, je fais poursuivre vos assassins.

— Ah ! ménagez-les, dit-elle : ils ont fait mon bonheur. Si je meurs, ce sera pour vous ; si je vis, ce sera pour vous aimer. »

J'ai des raisons pour abréger ces scènes de tendresse qui se passèrent entre nous jusqu'au temps où les médecins m'assurèrent que je pouvais transporter Biondetta sur les bords de la Brenta, où l'air serait plus propre à lui rendre ses forces. Nous nous y établîmes. Je lui avais donné deux femmes pour la servir, dès le premier instant où son sexe fut avéré, par la nécessité de panser ses blessures. Je rassemblai autour d'elle tout ce qui pouvait contribuer à sa commodité, et ne m'occupai qu'à la soulager, l'amuser et lui plaire.

Ses forces se rétablissaient à vue d'œil, et sa beauté semblait prendre un nouvel éclat. Enfin, croyant pouvoir l'engager dans une conversation assez longue, sans intéresser sa santé : « O Biondetta ! lui dis-je, je suis comblé d'amour, persuadé que vous n'êtes point un être fantastique, convaincu que vous m'aimez, malgré les procédés révoltants que j'ai eus pour vous jusqu'ici. Mais vous savez si mes inquiétudes furent fondées. Développez-moi le mystère de l'étrange apparition qui affligea mes regards sous la voûte de Portici. D'où venaient, que devinrent ce monstre affreux, cette petite chienne qui précédèrent votre arrivée ? Comment, pourquoi les avez-vous remplacés pour vous attacher à moi ? Qui étaient-ils ? Qui êtes-vous ? Achevez de rassurer un cœur tout à vous, et qui veut se dévouer pour la vie.

— Alvare, répondit Biondetta, les nécromanciens, étonnés de votre audace, voulurent se faire un jeu de votre humiliation, et parvenir par la voie de la terreur à vous réduire à l'état de vil esclave de leurs volontés. Ils vous préparaient d'avance à la frayeur, en vous provoquant à l'évocation du plus puissant et du plus redoutable de tous les esprits ; et, par le secours de ceux dont la catégorie leur est soumise, ils vous présentèrent un spectacle qui vous eût fait mourir d'effroi, si la vigueur de votre âme n'eût fait tourner contre eux leur propre stratagème.

» A votre contenance héroïque, les Sylphes, les Salamandres, les Gnomes, les Ondins, enchantés de votre courage, résolurent de vous donner tout l'avantage sur vos ennemis.

» Je suis Sylphide d'origine, et une des plus considérables d'entre elles. Je parus sous la forme de la petite chienne, je reçus vos ordres, et nous nous empressâmes tous à l'envi de les accomplir. Plus vous mettiez de hauteur, de résolution, d'aisance, d'intelligence à régler mes mouvements, plus nous redoublions d'admiration pour vous et de zèle.

» Vous m'ordonnâtes de vous servir en page, de vous amuser en cantatrice. Je me soumis avec joie, et goûtai de tels charmes dans mon obéissance, que je résolus de vous la vouer pour toujours.

» Décidons, me disais-je, mon état et mon bonheur. Abandonnée dans le vague de l'air à une incertitude nécessaire, sans sensations, sans jouissances, et esclave des évocations des cabalistes, jouet de leurs fantaisies, nécessairement bornée dans mes prérogatives comme dans mes connaissances, balancerais-je davantage sur le choix des moyens par lesquels je puis ennoblir mon essence ?

» Il m'est permis de prendre un corps pour m'associer à un sage : le voilà. Si je me réduis au simple état de femme, si je perds par ce changement volontaire le droit naturel des Sylphides et l'assistance de mes compagnes, je jouirai du bonheur d'aimer et d'être aimée. Je servirai mon vainqueur; je l'instruirai de la sublimité de son être dont il ignore les prérogatives : il nous soumettra, avec les éléments dont j'aurai abandonné l'empire, les esprits de toutes les sphères. Il est fait pour être le roi du monde, et j'en serai la reine, et la reine adorée de lui.

» Ces réflexions, plus subites que vous ne pouvez le croire dans une substance débarrassée d'organes, me décidèrent sur-le-champ. En conservant ma figure, je prends un corps de femme pour ne le quitter qu'avec la vie.

» Quand j'eus pris un corps, Alvare, je m'aperçus que j'avais un cœur. Je vous admirais, je vous aimais ; mais que devins-je lorsque je ne vis en vous que de la répugnance, de la haine ! Je ne pouvais ni changer, ni même me repentir; soumise à tous les revers auxquels sont sujettes les créatures de votre espèce, m'étant attiré le courroux des esprits, la haine implacable des nécromanciens, je devenais, sans votre protection, l'être le plus malheureux qui fût sous le ciel : que dis-je, je le serais encore sans votre amour. »

Mille grâces répandues dans la figure, l'action, le son de la voix, ajoutaient au prestige de ce récit intéressant. Je ne concevais rien de ce que j'entendais. Mais qu'y avait-il de concevable dans mon aventure?

Tout ceci me paraît un songe, me disais-je, mais la vie humaine est-elle autre chose? Je rêve plus extraordinairement qu'un autre, et voilà tout.

Je l'ai vue de mes yeux, attendant tout secours de l'art, arriver presque aux portes de la mort en passant par tous les termes de l'épuisement et de la douleur.

L'homme fut un assemblage d'un peu de boue et d'eau. Pourquoi une femme ne serait-elle pas faite de rosée, de vapeurs terrestres et de rayons de lumière, des débris d'un arc-en-ciel condensés? Où est le possible?... Où est l'impossible?

Le résultat de mes réflexions fut de me livrer encore plus à mon penchant, en croyant consulter ma raison. Je comblais Biondetta de prévenances, de caresses innocentes. Elle s'y prêtait avec une franchise qui m'enchantait, avec cette pudeur naturelle qui agit sans être l'effet des réflexions ou de la crainte.

Un mois s'était passé dans des douceurs qui m'avaient enivré. Biondetta, entièrement rétablie, pouvait me suivre partout à la promenade. Je lui avais fait faire un déshabillé d'amazone : sous ce vêtement, sous un grand chapeau ombragé de plumes, elle attirait tous les regards, et nous ne paraissions jamais que mon bonheur ne fît l'objet de l'envie de tous ces heureux citadins qui peuplent, pendant les beaux jours, les rivages enchantés de la Brenta ; les femmes mêmes semblaient avoir renoncé à cette jalousie dont on les accuse, ou subjuguées par une supériorité dont elles ne pouvaient disconvenir, ou désarmées par un maintien qui annonçait l'oubli de tous ses avantages.

Connu de tout le monde pour l'amant aimé d'un objet aussi ravissant, mon orgueil égalait mon amour, et je m'élevais encore davantage quand je venais à me flatter sur le brillant de son origine.

Je ne pouvais douter qu'elle ne possédât les connaissances les plus rares, et je supposais, avec raison, que son but était de m'en orner; mais elle ne m'entretenait que de choses ordinaires, et semblait avoir perdu l'autre objet de vue. « Biondetta, lui dis-je un soir que nous nous promenions sur la terrasse de mon jardin, lorsqu'un penchant trop flatteur pour moi vous décida à lier votre sort au mien, vous vous promettiez de m'en rendre digne en me donnant des connaissances qui ne sont point réservées au commun des hommes. Vous parais-je maintenant indigne de vos soins; un amour aussi tendre, aussi délicat que le vôtre peut-il ne point désirer d'ennoblir son objet?

— O Alvare! me répondit-elle, je suis femme depuis six mois, et ma passion, il me le semble, n'a pas duré un jour. Pardonnez si la plus douce des sensations enivre un cœur qui n'a jamais rien éprouvé. Je voudrais vous montrer à aimer comme moi; et vous seriez par ce sentiment seul au-dessus de tous vos semblables; mais l'orgueil humain aspire à d'autres jouissances. L'inquiétude naturelle ne lui permet pas de saisir un bonheur, s'il n'en peut envisager un plus grand dans la perspective. Oui, je vous instruirai, Alvare. J'oubliais avec plaisir mon intérêt: il le veut, puisque je dois retrouver ma grandeur dans la vôtre : mais il ne suffit pas de me promettre d'être à moi, il faut que vous vous donniez, et sans réserve, et pour toujours. »

Nous étions assis sur un banc de gazon, sous un abri de chèvrefeuille au fond du jardin ; je me jetai à ses genoux. « Chère Biondetta, lui dis-je, je vous jure une fidélité à toute épreuve. — Non, disait-elle vous ne me connaissez pas, vous ne vous connaissez pas : il me faut un abandon absolu. Il peut seul me rassurer et me suffire. »

Je lui baisais la main avec transport, et redoublais mes serments ; elle m'opposait ses craintes. Dans le feu de la conversation, nos têtes se penchent, nos lèvres se rencontrent... Dans le moment, je me sens saisir par la basque de mon habit, et secouer d'une étrange force.

C'était mon chien, un jeune danois dont on m'avait fait présent. Tous les jours, je le faisais jouer avec mon mouchoir. Comme il s'était échappé de la maison la veille, je l'avais fait attacher pour prévenir une seconde évasion. Il venait de rompre son attache ; conduit par l'odorat, il m'avait trouvé, et me tirait par mon manteau pour me montrer sa joie et me solliciter au badinage ; j'eus beau le chasser de la main, de la voix, il ne fut pas possible de l'écarter : il courait, revenait sur moi en aboyant ; enfin, vaincu par son importunité, je le saisis par son collier, et le reconduisis à la maison.

Comme je revenais au berceau pour rejoindre

Biondetta, un domestique, marchant presque sur mes talons, nous avertit qu'on avait servi, et nous fûmes prendre nos places à table. Biondetta eût pu y paraître embarrassée. Heureusement nous nous trouvions en tiers, un jeune noble était venu passer la soirée avec nous.

Le lendemain j'entrai chez Biondetta, résolu de lui faire part des réflexions sérieuses qui m'avaient occupé pendant la nuit. Elle était au lit, et je m'assis auprès d'elle. « Nous avons, lui dis-je, pensé faire hier une folie dont je me fusse repenti le reste de mes jours. Ma mère veut absolument que je me marie. Je ne saurais être à d'autre qu'à vous, et ne puis point prendre d'engagement sérieux sans son aveu. Vous regardant déjà comme ma femme, chère Biondetta, mon devoir est de vous respecter.

— Eh! ne dois-je pas vous respecter vous-même, Alvare? Mais ce sentiment ne serait-il pas le poison de l'amour?

— Vous vous trompez, repris-je, il en est l'assaisonnement.

— Bel assaisonnement, qui vous ramène à moi d'un air glacé, et me pétrifie moi-même! Ah! Alvare! Alvare! je n'ai heureusement ni rime ni raison, ni père ni mère, et veux aimer de tout mon cœur sans cet assaisonnement-là. Vous devez des égards à votre mère : ils sont naturels ; il suffit que sa volonté ratifie l'union de nos cœurs, pourquoi faut-il qu'elle la précède? Les préjugés sont nés chez vous au défaut de lumières ; et, soit en raisonnant, soit en ne raisonnant pas, ils rendent votre conduite aussi inconséquente que bizarre. Soumis à de véritables devoirs, vous vous en imposez qu'il est ou impossible ou inutile de remplir : enfin, vous cherchez à vous faire écarter de la route, dans la poursuite de l'objet dont la possession vous semble la plus désirable. Notre union, nos liens deviennent dépendants de la volonté d'autrui Qui sait si dona Mencia me trouvera d'assez bonne maison pour entrer dans celle de Maravillas? Et je me verrais dédaignée! Ou, au lieu de vous tenir de vous-même, il faudrait vous obtenir d'elle! Est-ce un homme destiné à la haute science qui me parle, ou un enfant qui sort des montagnes de l'Estramadure? Et dois-je être sans délicatesse, quand je vois qu'on ménage celle des autres plus que la mienne? Alvare! Alvare! on vante l'amour des Espagnols; ils auront toujours plus d'orgueil et de morgue que d'amour. »

J'avais vu des scènes bien extraordinaires; je n'étais point préparé à celle-ci. Je voulus excuser mon respect pour ma mère : le devoir me le prescrivait, et la reconnaissance, l'attachement, plus forts encore que lui. On ne m'écoutait pas...

« Je ne suis pas devenue femme pour rien, Alvare : vous me tenez de moi, je veux vous tenir de vous. Dona Mencia désapprouvera après si elle est folle : ne m'en parlez plus. Depuis qu'on me respecte, qu'on se respecte, qu'on respecte tout le monde, je deviens plus malheureuse que lorsqu'on me haïssait. »
Et elle se mit à sangloter.

Heureusement je suis fier, et ce sentiment me garantit du mouvement de faiblesse qui m'entraînait aux pieds de Biondetta, pour essayer de désarmer cette déraisonnable colère, et faire cesser des larmes dont la seule vue me mettait au désespoir. Je passai dans mon cabinet. En m'y enchaînant, on m'eût rendu service ; enfin, craignant l'issue des combats que j'éprouvais, je courus à ma gondole : une des femmes de Biondetta se trouve sur mon chemin. « Je vais à Venise, lui dis-je, j'y deviens nécessaire pour la suite du procès intenté à Olympia. » Et sur-le-champ je pars, en proie aux plus dévorantes inquiétudes, mécontent de Biondetta et plus encore de moi, voyant qu'il ne me restait à prendre que des partis lâches ou désespérés.

J'arrive à la ville : je touche à la première calle. Je parcours d'un air effaré toutes les rues qui sont sur mon passage, ne m'apercevant point qu'un orage affreux va foudre sur moi, et qu'il faut m'inquiéter pour trouver un abri.

C'était dans le milieu du mois de juillet. Bientôt je fus chargé par une pluie abondante mêlée de beaucoup de grêle.

Je vois une porte ouverte devant moi : c'était celle de l'église du grand couvent des Franciscains ; je m'y réfugie.

Ma première réflexion fut qu'il avait fallu un semblable accident pour me faire entrer dans une église depuis mon séjour dans les états de Venise ; la seconde fut de me rendre justice sur cet entier oubli de mes devoirs.

Enfin, voulant m'arracher à mes pensées, je considère les tableaux, et cherche à voir les monuments qui sont dans cette église : c'était une espèce de voyage curieux que je faisais autour de la nef et du chœur.

J'arrive enfin dans une chapelle enfoncée et qui était éclairée par une lampe, le jour extérieur n'y pouvant pénétrer : quelque chose d'éclatant frappe mes regards dans le fond de la chapelle ; c'était un monument.

Deux génies descendaient dans un tombeau de marbre noir ; une figure de femme, deux autres génies fondaient en larmes auprès de la tombe.

Toutes les figures étaient de marbre blanc, et leur éclat naturel, rehaussé par le contraste, en réfléchissant vivement la faible lumière de la lampe, semblait les faire briller d'un jour qui leur fût propre, et éclairer lui-même le fond de la chapelle.

J'approche, je considère les figures ; elles me paraissaient des plus belles proportions, pleines d'expression, et de l'exécution la plus finie.

J'attache mes yeux sur la tête de la principale figure. Que deviens-je? Je crois voir le portrait de ma mère. Une douleur vive et tendre, un saint respect me saisissent. « O ma mère ! est-ce pour m'avertir que mon peu de tendresse et le désordre de ma vie vous conduiront au tombeau que ce froid simulacre emprunte ici votre ressemblance chérie ? O la plus digne des femmes! tout égaré qu'il est, votre Alvare vous a conservé tous vos droits sur son cœur. Avant de s'écarter de l'obéissance qu'il vous doit, il mourrait plutôt mille fois : il en atteste ce marbre insensible. Hélas! je suis dévoré de la passion la plus tyrannique : il m'est impossible de m'en rendre maître désormais. Vous venez de parler à mes yeux; parlez, ah! parlez à mon cœur; et si je dois la bannir, enseignez-moi comment je pourrai faire sans qu'il m'en coûte la vie. »

En prononçant avec force cette présente invocation, je m'étais prosterné la face contre terre, et j'attendais dans cette attitude la réponse que j'étais presque sûr de recevoir, tant j'étais enthousiasmé.

Je réfléchis maintenant, ce que je n'étais pas en état de faire alors, que dans toutes les occasions où nous avons besoin de secours extraordinaires pour régler notre conduite, si nous les demandons avec force, dussions-nous n'être pas exaucés, au moins, en nous recueillant pour les recevoir, nous nous mettons dans le cas d'user de toutes les ressources de notre propre prudence. Je méritais d'être abandonné à la mienne; et voici ce qu'elle me suggéra : « Tu mettras un devoir à remplir, et un espace considérable entre ta passion et toi; les événements t'éclaireront. »

Allons, dis-je en me relevant avec précipitation, allons ouvrir mon cœur à ma mère, et remettons-nous encore une fois sous ce cher abri.

Je retourne à mon auberge ordinaire : je cherche

une voiture, et, sans m'embarrasser d'équipages, je prends la route de Turin pour me rendre en Espagne par la France; mais avant je mets dans un paquet une note de trois cents sequins sur la banque, et la lettre qui suit :

A ma chère Biondetta.

« Je m'arrache d'auprès de vous, ma chère Bion-
» detta, et ce serait m'arracher à la vie, si l'espoir du
» plus prompt retour ne consolait mon cœur. Je vais
» voir ma mère ; animé par votre charmante idée, je
» triompherai d'elle, et viendrai former avec son aveu
» une union qui doit faire mon bonheur. Heureux
» d'avoir rempli mes devoirs avant de me donner
» tout entier à l'amour, je sacrifierai à vos pieds le
» reste de ma vie ! Vous connaîtrez un Espagnol, ma
» chère Biondetta ; vous jugerez, d'après sa conduite,
» que, s'il obéit au devoir du sang, il sait également
» satisfaire aux autres. En voyant l'heureux effet de
» ses préjugés, vous ne taxerez pas d'orgueil le sen-
» timent qui l'y attache. Je ne puis douter de votre
» amour : il m'avait voué une entière obéissance ; je
» le reconnaîtrai encore mieux par cette faible con-
» descendance à des vues qui n'ont pour objet que
» notre commune félicité. Je vous envoie ce qui peut
» être nécessaire pour l'entretien de notre maison.
» Je vous enverrai d'Espagne ce que je croirai le
» moins indigne de vous, en attendant que la plus
» vive tendresse qui fût jamais vous ramène pour tou-
» jours votre esclave. »

Je suis sur la route de l'Estramadure. Nous étions dans la plus belle saison, et tout semblait se prêter à l'impatience que j'avais d'arriver dans ma patrie. Je découvrais déjà les clochers de Turin, lorsqu'une chaise de poste assez mal en ordre, ayant dépassé ma voiture, s'arrête et me laisse voir, à travers une portière, une femme qui fait des signes et s'élance pour en sortir.

Mon postillon s'arrête de lui-même ; je descends, et reçois Biondetta dans mes bras ; elle y reste pâmée, sans connaissance ; elle ne put dire que ce peu de mots : « Alvare ! vous m'avez abandonnée. »

Je la porte dans la chaise, seul endroit où je pusse l'asseoir commodément : elle était heureusement à deux places. Je fais mon possible pour lui donner plus d'aisance à respirer, en la dégageant de ceux de ses vêtements qui la gênent ; et la soutenant entre mes bras, je continue ma route dans la situation que l'on peut imaginer.

Nous arrêtons à la première auberge de quelque apparence : je fais porter Biondetta dans la chambre la plus commode : je la fais mettre sur un lit et m'assieds à côté d'elle. Je m'étais fait apporter des eaux spiritueuses, des élixirs propres à dissiper un évanouissement. A la fin elle ouvre les yeux.

« On a voulu ma mort encore une fois, dit-elle ; on sera satisfait.

— Quelle injustice ! lui dis-je : un caprice vous fait vous refuser à des démarches senties et nécessaires de ma part. Je risque de manquer à mon devoir si je ne sais pas vous résister, et je m'expose à des désagréments, à des remords qui troubleraient la tranquillité de notre union. Je prends le parti de m'échapper pour aller chercher l'aveu de ma mère.

— Eh! que ne me faites-vous connaître votre volonté, cruel! Ne suis-je pas faite pour vous obéir? Je vous aurais suivi. Mais m'abandonner seule, sans protection, à la vengeance des ennemis que je me suis faits pour vous; me voir exposée par votre faute aux affronts les plus humiliants...

— Expliquez-vous, Biondetta; quelqu'un aurait-il osé?...

— Et qu'avait-on à risquer contre un être de mon sexe, dépourvu d'aveu comme de toute assistance? L'indigne Bernadillo nous avait suivis à Venise : à peine avez-vous disparu, qu'alors, cessant de vous craindre, impuissant contre moi depuis que je suis à vous, mais pouvant troubler l'imagination des gens attachés à mon service, il a fait assiéger par des fantômes de sa création votre maison de la Brenta. Mes femmes effrayées m'abandonnent. Selon un bruit général, autorisé par beaucoup de lettres, un lutin a enlevé un capitaine aux gardes du roi de Naples, et l'a conduit à Venise. On assure que je suis ce lutin, et cela se trouve presque avéré par les indices. Chacun s'écarte de moi avec frayeur. J'implore de l'assistance, de la compassion, je n'en trouve pas. Enfin, l'or obtient ce que l'on refuse à l'humanité. On me vend fort cher une mauvaise chaise : je trouve des guides, des postillons; je vous suis... »

Ma fermeté pensa s'ébranler au récit des disgrâces de Biondetta. « Je ne pouvais, lui dis-je, prévoir des événements de cette nature. Je vous avais vue l'objet des égards, des respects de tous les habitants des bords de la Brenta, ce qui vous semblait si bien acquis; pouvais-je imaginer qu'on vous le disputerait dans mon absence? O Biondetta! vous êtes éclairée : ne deviez-vous pas prévoir qu'en contrariant des vues aussi raisonnables que les miennes, vous me porteriez à des résolutions désespérées? Pourquoi?...

— Est-on toujours maîtresse de ne pas contrarier? Je suis femme par mon choix, Alvare, mais je suis femme enfin, exposée à ressentir toutes les impressions; je ne suis pas de marbre. J'ai choisi entre les zones la matière élémentaire dont mon corps est composé; elle est très-susceptible; si elle ne l'était pas, je manquerais de sensibilité; vous ne me feriez rien éprouver, et je vous deviendrais insipide. Pardonnez-moi d'avoir couru les risques de prendre toutes les imperfections de mon sexe, pour en réunir, si je pouvais, toutes les grâces; mais la folie est faite, et, constituée comme je suis à présent, mes sensations sont d'une vivacité dont rien n'approche : mon imagination est un volcan. J'ai, en un mot, des passions d'une violence qui devrait vous effrayer, si vous n'étiez pas l'objet de la plus emportée de toutes, et si nous ne connaissions pas mieux les principes et les effets de ces élans naturels, qu'on ne les connaît à Salamanque. On leur y donne des noms odieux; on parle au moins de les étouffer. Étouffer une flamme céleste, le seul ressort au moyen duquel l'âme et le corps peuvent agir réciproquement l'un et l'autre, et se forcer de concourir au maintien nécessaire de leur union! Cela est bien imbécile, mon cher Alvare! Il faut régler ses mouvements, mais quelquefois il faut leur céder; si on les contrarie, si on les soulève, ils échappent tous à la fois, et la raison ne sait plus où s'asseoir pour gouverner. Ménagez-moi dans ces moments-ci, Alvare; je n'ai que six mois, je suis dans l'enthousiasme de tout ce que j'éprouve; songez qu'un de vos refus, un mot que vous me dites inconsidérément, indigne l'amour, révolte l'orgueil, éveille le dépit, la défiance, la crainte : que dis-je? Je vois d'ici ma pauvre tête perdue, et mon Alvare aussi malheureux que moi!

— Ô Biondetta! repartis-je, on ne cesse pas de s'étonner auprès de vous ; mais je crois voir la nature même dans l'aveu que vous faites de vos penchants. Nous trouverons des ressources contre eux dans notre tendresse mutuelle. Que ne devons-nous pas espérer d'ailleurs des conseils de la digne mère qui va nous recevoir dans ses bras? Elle vous chérira, tout m'en assure, et tout nous aidera à couler des jours heureux...

— Il faut vouloir ce que vous voulez, Alvare. Je connais mieux mon sexe et n'espère pas autant que vous; mais je veux vous obéir pour vous plaire, et je me livre. »

Satisfait de me trouver sur la route de l'Espagne, de l'aveu et en compagnie de l'objet qui avait captivé mes sens, je m'empressai de chercher le passage des Alpes pour arriver en France ; mais il semblait que le ciel me devenait contraire depuis que je n'étais pas seul : des orages affreux suspendent ma course, et rendent les chemins impraticables. Les chevaux s'abattent : ma voiture, qui semblait neuve et bien assemblée se démont à chaque poste, et manque par l'essieu, ou par le train, ou par les roues. Enfin, après des traverses infinies, je parviens au Col-de-Tende.

Parmi les sujets d'inquiétude, les embarras que me donnait un voyage contrarié, j'admirais le personnage de Biondetta. Ce n'était plus cette femme tendre, triste ou emportée que j'avais vue ; il semblait qu'elle voulût soulager mon ennui, en se livrant aux saillies de la gaieté la plus vive, et me persuader que les fatigues n'avaient rien de rebutant pour elle.

Tout ce badinage agréable était mêlé de caresses trop séduisantes pour que je pusse m'y refuser : je m'y livrais, mais avec réserve : mon orgueil compromis servait de frein à la violence de mes désirs. Elle lisait trop bien dans mes yeux pour ne pas juger de mon désordre, et chercher à l'augmenter. Je fus en péril, je dois en convenir. Une fois entre autres, si une roue ne se fût brisée, je ne sais ce que le point d'honneur fût devenu. Cela me mit un peu plus sur mes gardes pour l'avenir.

Après des fatigues incroyables, nous arrivâmes à Lyon. Je consentis, par attention pour elle, à m'y reposer quelques jours. Elle arrêtait mes regards sur l'aisance, la facilité des mœurs de la nation française.

« C'est à Paris, c'est à la cour que je voudrais vous voir établi. Les ressources d'aucune espèce ne vous y manqueront : vous ferez la figure qu'il vous plaira d'y faire, et j'ai des moyens sûrs de vous y faire jouer le plus grand rôle ; les Français sont galants : si je ne présume point trop de ma figure, ce qu'il y aurait de plus distingué parmi eux viendrait me rendre hommage, et je les sacrifierais tous à mon Alvare. Le beau sujet de triomphe pour une vanité espagnole ! »

Je regardai cette proposition comme un badinage.

« Non, dit-elle, j'ai sérieusement cette fantaisie.

— Partons donc bien vite pour l'Estramadure, répliquai-je, et nous reviendrons faire présenter à la cour de France l'épouse de dom Alvare Maravillas ; car il ne vous conviendrait pas de ne vous y montrer qu'en aventurière.

— Je suis sur le chemin de l'Estramadure, dit-elle, il s'en faut bien que je la regarde comme le terme où je dois trouver mon bonheur ; comment ferais-je pour ne jamais la rencontrer ? »

J'entendais, je voyais sa répugnance, mais j'allais à mon but, et je me trouvai bientôt sur le territoire espagnol. Les obstacles imprévus, les fondrières, les ornières impraticables, les muletiers ivres, les mulets rétifs, me donnaient encore moins de relâche que dans le Piémont et la Savoie.

On dit beaucoup de mal des aubergistes d'Espagne, et c'est avec raison ; cependant je m'estimais heureux quand les contrariétés éprouvées pendant le jour ne me forçaient pas de passer une partie de la nuit dans la campagne ou dans une grange écartée.

« Quel pays allons-nous chercher, disait-elle, à en juger par ce que nous éprouvons ! En sommes-nous encore beaucoup éloignés ?

— Vous êtes, repris-je, en Estramadure, et à dix lieues tout au plus du château de Maravillas......

— Nous n'y arriverons certainement pas ; le ciel nous en défend les approches. Voyez les vapeurs dont il se charge. »

Je regardai le ciel, et jamais il ne m'avait paru plus menaçant. Je fis apercevoir à Biondetta que la grange où nous étions pouvait nous garantir de l'orage.

« Nous garantira-t-elle aussi du tonnerre ? me dit-elle....

— Eh ! que vous fait le tonnerre, à vous, habituée à vivre dans les airs, qui l'avez vu tant de fois se former, et devez si bien connaître son origine physique ?....

— Je ne craindrais pas, si je la connaissais moins : je me suis soumise, pour l'amour de vous, aux causes physiques, et je les appréhende parce qu'elles tuent et qu'elles sont physiques. »

Nous étions sur deux tas de paille aux deux extrémités de la grange. Cependant l'orage approche et mugit d'une manière épouvantable. Le ciel paraissait un brasier agité par les vents en mille sens contraires : les coups de tonnerre, répétés par les antres des montagnes voisines, retentissaient horriblement autour de nous. Ils ne se succédaient pas, ils semblaient s'entre-heurter. Le vent, la grêle, la pluie se disputaient entre eux à qui ajouterait le plus à l'horreur de l'effroyable tableau dont nos sens étaient affligés. Il part un éclair qui semble embraser notre asile. Un coup effroyable suit. Biondetta, les yeux fermés, les doigts dans les oreilles, vient se précipiter dans mes bras :

« Ah ! Alvare ! je suis perdue !.... »

Je veux la rassurer.

« Mettez la main sur mon cœur, » disait-elle.

Elle me la place sur sa gorge ; et quoiqu'elle se trompât en me faisant appuyer sur un endroit où le battement ne devait pas être le plus sensible, je démêlai que le mouvement était extraordinaire. Elle m'embrassait de toutes ses forces, et redoublait à chaque éclair. Enfin, un coup plus effrayant que tous ceux qui s'étaient fait entendre part. Biondetta s'y dérobe de manière qu'en cas d'accident il ne pût la frapper avant de m'avoir atteint moi-même le premier.

Cet effet de la peur me parut singulier, et je commençai à appréhender pour moi, non les suites de l'orage, mais celles d'un complot formé dans sa tête de vaincre ma résistance à ses vues. Quoique plus transporté que je ne puis le dire, je me lève :

« Biondetta, lui dis-je, vous ne savez ce que vous faites. Calmez cette frayeur ; ce tintamarre ne menace ni vous ni moi. »

Mon flegme dut la surprendre ; mais elle pouvait me dérober ses pensées en continuant d'affecter du trouble. Heureusement la tempête avait fait son dernier effort. Le ciel se nettoyait, et bientôt la clarté de la lune nous annonça que nous n'avions plus rien à redouter du désordre des éléments.

Biondetta demeurait à la place où elle s'était mise. Je m'assis auprès d'elle sans proférer une parole : elle fit semblant de dormir, et je me mis à rêver plus tristement que je n'eusse encore fait depuis le commencement de mon aventure, sur les suites nécessairement fâcheuses de ma passion. Je ne donnerai que le canevas de mes réflexions. Ma maîtresse était charmante, mais je voulais en faire ma femme.

Le jour m'ayant surpris dans ces pensées, je me levai pour aller voir si je pourrais poursuivre ma route. Cela me devenait impossible pour le moment. Le muletier qui conduisait ma calèche me dit que ses mulets étaient hors de service. Comme j'étais dans cet embarras, Biondetta vint me joindre.

Je commençais à perdre patience, quand un homme d'une physionomie sinistre, mais vigoureusement taillé, parut devant la porte de la ferme, chassant devant lui deux mulets qui avaient de l'apparence. Je lui proposai de me conduire chez moi ; il savait le chemin, nous convînmes de prix.

J'allais remonter dans ma voiture, lorsque je crus reconnaître une femme de campagne qui traversait le chemin, suivie d'un valet : je m'approche; je la fixe. C'est Berthe, honnête fermière de mon village, et sœur de ma nourrice. Je l'appelle; elle s'arrête, me regarde à son tour, mais d'un air consterné.

« Quoi ! c'est vous, me dit-elle, seigneur dom Alvare ? Que venez-vous chercher dans un endroit où votre perte est jurée, où vous avez mis la désolation ?

— Moi ! ma chère Berthe, et qu'ai-je fait ?

— Ah ! seigneur Alvare, la conscience ne vous reproche-t-elle pas la triste situation à laquelle votre digne mère, notre bonne maîtresse, se trouve réduite. Elle se meurt....

— Elle se meurt ! m'écriai-je.

— Oui, poursuivit-elle, et c'est la suite du chagrin que vous lui avez causé; au moment où je vous parle, elle ne doit pas être en vie. Il lui est venu des lettres de Naples, de Venise. On lui a écrit des choses qui font trembler. Notre bon seigneur, votre frère, est furieux : il dit qu'il sollicitera partout des ordres contre vous, qu'il vous dénoncera, vous livrera lui-même...

— Allez, madame Berthe, si vous retournez à Maravillas et y arrivez avant moi, annoncez à mon frère qu'il me verra bientôt. »

Sur-le-champ, la calèche étant attelée, je présente la main à Biondetta, cachant le désordre de mon âme sous l'apparence de la fermeté. Elle, se montrant effrayée :

« Quoi! dit-elle, nous allons nous livrer à votre frère? Nous allons aigrir, par notre présence, une famille irritée, des vassaux désolés?...

— Je ne saurais craindre mon frère, madame; s'il m'impute des torts que je n'ai pas, il est important que je le désabuse. Si j'en ai, il faut que je m'excuse; et, comme ils ne viennent pas de mon cœur, j'ai droit à sa compassion et à son indulgence. Si j'ai conduit ma mère au tombeau par le dérèglement de ma conduite, j'en dois réparer le scandale, et pleurer si hautement cette perte, que la vérité, la publicité de mes regrets effacent aux yeux de toute l'Espagne la tache que le défaut de naturel imprimerait à mon sang.

— Ah! dom Alvare, vous courez à votre perte et à la mienne : ces lettres écrites de tous côtés, ces préjugés répandus avec tant de promptitude et d'affectation, sont la suite de nos aventures et des persécutions que j'ai essuyées à Venise. Le traître Bernadillo, que vous ne connaissez pas assez, obsède votre frère; il le portera...

— Eh! qu'ai-je à redouter de Bernadillo et de tous les lâches de la terre? Je suis, madame, le seul ennemi redoutable pour moi. On ne portera jamais mon frère à la vengeance aveugle, à l'injustice, à des actions indignes d'un homme de tête et de courage, d'un gentilhomme enfin. »

Le silence succède à cette conversation assez vive;

il eût pu devenir embarrassant pour l'un et l'autre ; mais après quelques instants, Biondetta s'assoupit peu à peu et s'endort. Pouvais-je ne pas la regarder ? Pouvais-je la considérer sans émotion ? Sur ce visage brillant de tous les trésors, de la pompe, enfin de la jeunesse, le sommeil ajoutait aux grâces naturelles du repos cette fraîcheur délicieuse, animée, qui rend tous les traits harmonieux ; un nouvel enchantement s'empare de moi : il écarte mes défiances ; mes inquiétudes sont suspendues, ou, s'il m'en reste une assez vive, c'est que la tête de l'objet dont je suis épris, ballottée par les cahots de la voiture, n'éprouve quelque incommodité par la brusquerie ou la rudesse des frottements. Je ne suis plus occupé qu'à la soutenir, à la garantir. Mais nous en éprouvons un si vif, qu'il me devient impossible de le parer ; Biondetta jette un cri, et nous sommes renversés. L'essieu était rompu ; les mulets, heureusement s'étaient arrêtés. Je me dégage, je me précipite vers Biondetta, rempli des plus vives alarmes. Elle n'avait qu'une légère contusion au coude, et bientôt nous sommes debout en pleine campagne, mais exposés à l'ardeur du soleil en plein midi, à cinq lieues du château de ma mère, sans moyens apparents de pouvoir nous y rendre, car il ne s'offrait à nos regards aucun endroit qui parût être habité.

Cependant, à force de regarder avec attention, je crois distinguer, à la distance d'une lieue, une fumée qui s'élève derrière un taillis, mêlé de quelques arbres assez élevés ; alors, confiant ma voiture à la garde du muletier, j'engage Biondetta à marcher avec moi du côté qui m'offre l'apparence de quelques secours.

Plus nous avançons, plus notre espoir se fortifie ; déjà la petite forêt semble se partager en deux : bientôt elle forme une avenue au fond de laquelle on aperçoit des bâtiments d'une structure modeste ; enfin une ferme considérable termine notre perspective.

Tout semble être en mouvement dans cette habitation, d'ailleurs isolée. Dès qu'on nous aperçoit, un homme se détache et vient au-devant de nous.

Il nous aborde avec civilité. Son extérieur est honnête ; il est vêtu d'un pourpoint de satin noir taillé en couleur de feu, orné de quelques passements en argent. Son âge paraît être de vingt-cinq à trente ans. Il a le teint d'un campagnard ; la fraîcheur perce sous le hâle, et décèle la vigueur et la santé.

Je le mets au fait de l'accident qui m'attire chez lui.

« Seigneur cavalier, me répondit-il, vous êtes toujours le bien arrivé, et chez des gens remplis de bonne volonté. J'ai ici une forge, et votre essieu sera rétabli ; mais vous me donneriez aujourd'hui tout l'or de monseigneur le duc de Médina-Sidonia, mon maître, que ni moi ni personne des miens ne pourraient se mettre à l'ouvrage. Nous arrivons de l'église, mon épouse et moi : c'est le plus beau de nos jours. Entrez. En voyant la mariée, mes parents, mes amis, mes voisins qu'il me faut fêter, vous jugerez s'il m'est possible de faire travailler maintenant. D'ailleurs, si madame et vous ne dédaignez pas une compagnie composée de gens qui subsistent de leur travail depuis le commencement de la monarchie, nous allons nous mettre à table, nous sommes tous heureux aujourd'hui ; il ne tiendra qu'à vous de partager notre satisfaction. Demain nous penserons aux affaires. »

En même temps il donne ordre qu'on aille chercher ma voiture.

Me voilà hôte de Marcos, le fermier de monseigneur le duc, et nous entrons dans le salon préparé pour le repas de noce ; adossé au manoir principal, il occupe tout le fond de la cour : c'est une feuillée en arcades, ornée de festons de fleurs, d'où la vue, d'abord arrêtée par les deux petits bosquets, se perd agréablement dans la campagne, à travers l'intervalle qui forme l'avenue.

La table était servie. Luisia, la nouvelle mariée, est entre Marcos et moi ; Biondetta est à côté de Marcos. Les pères et les mères, les autres parents sont vis-à-vis ; la jeunesse occupe les deux bouts.

La mariée baissait deux grands yeux noirs qui n'étaient pas faits pour regarder en dessous ; tout ce qu'on lui disait, et même les choses indifférentes la faisaient sourire et rougir.

La gravité préside au commencement du repas : c'est le caractère de la nation ; mais à mesure que les outres, disposées autour de la table, se désenflent, les physionomies deviennent moins sérieuses. On commençait à s'animer quand tout à coup les poètes improvisateurs de la contrée paraissent autour de la table. Ce sont des aveugles qui chantent les couplets suivants en s'accompagnant de leurs guitares :

« Marcos a dit à Louise :
« Veux-tu mon cœur et ma foi ? »
Elle a répondu : « Suis-moi,
Nous parlerons à l'église. »
Là, de la bouche et des yeux,
Ils se sont juré tous deux
Une flamme vive et pure.
Si vous êtes curieux
De voir des époux heureux,
Venez en Estramadure.

Louise est sage, elle est belle :
Marcos a bien des jaloux ;
Mais il les désarme tous
En se montrant digne d'elle ;
Et tout ici, d'une voix,
Applaudissant à leur choix,
Vante une flamme aussi pure.
Si vous êtes curieux
De voir des époux heureux,
Venez en Estramadure.

D'une douce sympathie,
Comme leurs cœurs sont unis !
Leurs troupeaux sont réunis
Dans la même bergerie ;
Leurs peines et leurs plaisirs,
Leurs soins, leurs vœux, leurs désirs
Suivent la même mesure.
Si vous êtes curieux
De voir des amants heureux,
Venez en Estramadure.

Pendant qu'on écoutait ces couplets aussi simples que ceux pour qui ils semblaient être faits, tous les valets de la ferme, n'étant plus nécessaires au service, s'assemblaient gaiement pour manger les reliefs du repas ; mêlés avec des Égyptiens et des Égyptiennes appelés pour augmenter le plaisir de la fête, ils formaient sous les arbres de l'avenue des groupes aussi agissants que variés et embellissaient notre perspective.

Biondetta cherchait continuellement mes regards, et les forçait à se porter vers ces objets dont elle paraissait agréablement occupée, semblant me reprocher de ne point partager avec elle tout l'amusement qu'ils lui procuraient.

Mais le repas a déjà paru trop long à la jeunesse, elle-attend le bal. C'est aux gens d'un âge mûr à montrer de la complaisance. La table est dérangée, les planches qui la forment, les futailles dont elle est soutenue, sont repoussées au fond de la feuillée ; devenues tréteaux, elles servent d'amphithéâtre aux symphonistes. On joue le fandango sévillan, de jeunes Égyptiennes l'exécutent avec leurs castagnettes et leurs tambours de basque ; la noce se mêle avec elles et les imite : la danse est devenue générale.

Biondetta paraissait en dévorer des yeux le spectacle. Sans sortir de sa place, elle essaie tous les mouvements qu'elle voit faire.

« Je crois, dit-elle, que j'aimerais le bal à la fureur ; » bientôt elle s'y engage et me force à danser.

D'abord elle montre quelque embarras et même un peu de maladresse ; bientôt elle semble s'aguerrir et unir la grâce à la force, à la légèreté, à la précision. Elle s'échauffe ; il lui faut son mouchoir, le mien, celui qui lui tombe sous la main : elle ne s'arrête que pour s'essuyer.

La danse ne fut jamais ma passion ; et mon âme n'était point assez à son aise pour que je pusse me livrer à un amusement aussi vain. Je m'échappe et gagne un des bouts de la feuillée, cherchant un endroit où je pusse m'asseoir et rêver.

Un caquet très-bruyant me distrait et arrête presque malgré moi mon attention. Deux voix se sont élevées derrière moi.

« Oui, oui, disait l'une, c'est un enfant de la planète ; il entrera dans sa maison. Tiens, Zoradille, il est né le trois mai à trois heures du matin...

— Oh! vraiment, Lélagise, répondait l'autre, malheur aux enfants de Saturne! celui-ci a Jupiter à l'ascendant, Mars et Mercure en conjonction trine avec Vénus. O le beau jeune homme! quels avantages naturels! quelles espérances il pourrait concevoir! quelle fortune il devrait faire! mais... »

Je connaissais l'heure de ma naissance, et je l'entendais détailler avec la plus singulière précision. Je me retourne et fixe ces babillardes.

Je vois deux vieilles Égyptiennes moins assises qu'accroupies sur leurs talons. Un teint plus qu'olivâtre, des yeux creux et ardents, une bouche enfoncée, un nez mince et démesuré qui, partant du haut de la tête, vient, en se recourbant, toucher au menton ; un morceau d'étoffe qui fut rayé de blanc et de bleu tourne deux fois autour d'un crâne à demi pelé, tombe en écharpe sur l'épaule, et de là sur les reins, de manière qu'ils ne soient qu'à demi nus ; en un mot, des objets presque aussi révoltants que ridicules.

Je les aborde. « Parliez-vous de moi, mesdames, leur dis-je, voyant qu'elles continuaient à me fixer et à se faire des signes....

— Vous nous écoutiez donc, seigneur cavalier?

— Sans doute, repliquai-je ; et qui vous a si bien instruites de l'heure de ma nativité?

— Nous aurions bien d'autres choses à vous dire, heureux jeune homme ; mais il faut commencer par mettre le signe dans la main.

— Qu'à cela ne tienne, repris-je, et sur-le-champ je leur donne un doublon.

— Vois, Zoradille, dit la plus âgée, vois comme il est noble, comme il est fait pour jouir de tous les trésors qui lui sont destinés. Allons, pince la guitare, et suis-moi. » Elle chante :

> L'Espagne vous donna l'être,
> Mais Parthénope vous a nourri :
> La terre en vous voit son maître ;
> Du ciel, si vous voulez l'être,
> Vous serez le favori.
>
> Le bonheur qu'on vous présage
> Est volage, et pourrait vous quitter.

> Vous le tenez au passage :
> Il faut, si vous êtes sage,
> Le saisir sans hésiter.
> Quel est cet objet aimable
> Qui s'est soumis à votre pouvoir ?
> Est-il....

Les vieilles étaient en train. J'étais tout oreille. Biondetta a quitté la danse : elle est accourue, elle me tire par le bras, me force à m'éloigner. « Pourquoi m'avez-vous abandonnée, Alvare ? que faites-vous ici ?

— J'écoutais, repris-je....

— Quoi ! me dit-elle en m'entraînant, vous écoutiez ces vieux monstres ?...

— En vérité, ma chère Biondetta, ces créatures sont singulières ; elles ont plus de connaissances qu'on ne leur en suppose ; elles me disaient...

— Sans doute, reprit-elle avec ironie, elles faisaient leur métier, elles vous disaient votre bonne aventure, et vous les croiriez ? Vous êtes, avec beaucoup d'esprit, d'une simplicité d'enfant. Et ce sont là les objets qui vous empêchent de vous occuper de moi ?...

— Au contraire, ma chère Biondetta, elles allaient me parler de vous.

— Parler de moi ! reprit-elle vivement avec une sorte d'inquiétude, qu'en savent-elles ! qu'en peuvent-elles dire ? Vous extravaguez, vous danserez toute la soirée pour me faire oublier cet écart. »

Je la suis : je rentre de nouveau dans le cercle, mais sans attention à ce qui se passe autour de moi, à ce que je fais moi-même. Je ne songeais qu'à m'échapper pour rejoindre, où je le pourrais, mes diseuses de bonne aventure. Enfin je crois voir un moment favorable : je le saisis. En un clin d'œil j'ai volé vers mes sorcières, les ai retrouvées et conduites sous un petit berceau qui termine le potager de la ferme. Là, je les supplie de me dire, en prose, sans énigme, très-succinctement, enfin, tout ce qu'elles peuvent savoir d'intéressant sur mon compte. La conjuration était forte, car j'avais les mains pleines d'or. Elles brûlaient de parler, comme moi de les entendre. Bientôt je ne puis douter qu'elles ne soient instruites des particularités les plus secrètes de ma famille, et confusément de mes liaisons avec Biondetta, de mes craintes, de mes espérances ; je croyais apprendre bien des choses, je me flattais d'en apprendre de plus importantes encore, mais notre Argus est sur mes talons.

Biondetta n'est point accourue, elle a volé. Je voulais parler.

« Point d'excuse, dit-elle, la rechute est impardonnable.....

— Ah, vous me la pardonnerez ! lui dis-je : j'en suis sûr, quoique vous m'ayez empêché de m'instruire comme je pouvais l'être, dès à présent j'en sais assez.....

— Pour faire quelque extravagance. Je suis furieuse, mais ce n'est pas ici le temps de quereller ; si nous sommes dans le cas de nous manquer d'égards, nous en devons à nos hôtes. On va se mettre à table, et je m'y assieds à côté de vous : je ne prétends plus souffrir que vous m'échappiez. »

Dans le nouvel arrangement du banquet, nous étions assis vis-à-vis des nouveaux mariés. Tous deux sont animés par les plaisirs de la journée : Marcos a les regards brûlants, Luisia les a moins timides : la pudeur s'en venge et lui couvre les joues du plus vif incarnat. Le vin de Xérès fait le tour de la table, et semble en avoir banni jusqu'à un certain point la réserve : les vieillards même, s'animant du souvenir de leurs plaisirs passés, provoquent la jeunesse par des saillies qui tiennent moins de la vivacité que de la pétulance. J'avais ce tableau sous les yeux ; j'en avais un plus mouvant, plus varié à côté de moi.

Biondetta, paraissant tour à tour livrée à la passion ou au dépit, la bouche armée des grâces fières du dédain, ou embellie par le sourire, m'agaçait, me boudait, me pinçait jusqu'au sang, et finissait par me marcher doucement sur les pieds. En un mot, c'était en un moment une faveur, un reproche, un châtiment, une caresse ; de sorte que, livré à cette vicissitude de sensations, j'étais dans un désordre inconcevable.

Les mariés ont disparu : une partie des convives les a suivis pour une raison ou pour une autre. Nous quittons la table. Une femme, c'était la tante du fermier, et nous le savions, prend un flambeau de cire jaune, nous précède, et en la suivant nous arrivons dans une petite chambre de douze pieds en carré : un lit qui n'en a pas quatre de largeur, une table et deux siéges en font l'ameublement. « Monsieur et madame, nous dit notre conductrice, voilà le seul appartement que nous puissions vous donner. » Elle pose son flambeau sur la table et nous laisse seuls.

Biondetta baisse les yeux. Je lui adresse la parole : « Vous avez donc dit que nous étions mariés?

— Oui, répond-elle, je ne pouvais dire que la vérité. J'ai votre parole, vous avez la mienne. Voilà l'essentiel. Vos cérémonies sont des précautions prises contre la mauvaise foi, et je n'en fais point de cas. Le reste n'a pas dépendu de moi. D'ailleurs, si vous ne voulez pas partager le lit que l'on nous abandonne, vous me donnerez la mortification de vous voir passer la nuit mal à votre aise. J'ai besoin de repos : je suis plus que fatiguée, je suis excédée de toutes les manières. » En prononçant ces paroles du ton le plus animé, elle s'étend dessus le lit, le nez tourné vers la muraille. « Eh quoi! m'écriai-je, Biondetta, je vous ai déplu, vous êtes sérieusement fâchée! comment puis-je expier ma faute? demandez ma vie.

— Alvare, me répond-elle sans se déranger, allez consulter vos Égyptiennes sur les moyens de rétablir le repos dans mon cœur et dans le vôtre.

— Quoi! l'entretien que j'ai eu avec ces femmes est le motif de votre colère? Ah! vous allez m'excuser, Biondetta ; si vous saviez combien les avis qu'elles m'ont donnés sont d'accord avec les vôtres, et qu'elles m'ont enfin décidé à ne point retourner au château de Maravillas. Oui, c'en est fait, demain nous partons pour Rome, pour Venise, pour Paris, pour tous les lieux que vous voudrez que j'aille habiter avec vous. Nous y attendrons l'aveu de ma famille..... »

A ce discours, Biondetta se retourne. Son visage était sérieux et même sévère. « Vous rappelez-vous, Alvare, ce que je suis, ce que j'attendais de vous, ce que je vous conseillais de faire ? Quoi ! lorsqu'en me servant avec discrétion des lumières dont je suis douée, je n'ai pu vous amener à rien de raisonnable, la règle de ma conduite et de la vôtre sera fondée sur les propos de deux êtres, les plus dangereux pour vous et pour moi, s'ils ne sont pas les plus méprisables. Certes, s'écria-t-elle dans un transport de douleur, j'ai toujours craint les hommes, j'ai balancé pendant des siècles à faire un choix, il est fait, il est sans retour. Je suis bien malheureuse ! » Alors elle fond en larmes, dont elle cherche à me dérober la vue.

Combattu par les passions les plus violentes, je tombe à ses genoux. « O Biondetta ! m'écriai-je, vous ne voyez pas mon cœur ! vous cesseriez de le déchirer.

— Vous ne me connaissez pas, Alvare, et me ferez cruellement souffrir avant de me connaître. Il faut qu'un dernier effort vous dévoile mes ressources, et ravisse si bien, et votre estime, et votre confiance, que je ne sois plus exposée à des partages humiliants ou dangereux ; vos pythonisses sont trop d'accord avec moi, pour ne pas m'inspirer de justes terreurs. Qui m'assure que Soberano, Bernadillo, vos ennemis et les miens, ne soient pas cachés sous ces masques? Souvenez-vous de Venise. Opposons à leurs ruses un genre de merveilles qu'ils n'attendent sans doute pas de moi. Demain, j'arrive à Maravillas dont leur politique cherche à m'éloigner; les plus avilissants, les plus accablants de tous les soupçons vont m'y accueillir : mais dona Mencia est une femme juste, estimable; votre frère a l'âme noble, je m'abandonnerai à eux. Je serai un prodige de douceur, de complaisance, d'obéissance, de patience ; j'irai au-devant des épreuves. » Elle s'arrête un moment. « Sera-ce assez t'abaisser, malheureuse sylphide ? s'écrie-t-elle d'un ton douloureux : » elle veut poursuivre ; mais l'abondance des larmes lui ôte l'usage de la parole.

Que deviens-je à ces témoignages de passion, ces marques de douleur, ces résolutions dictées par la prudence, ces mouvements d'un courage que je regardais comme héroïque! Je m'assieds auprès d'elle : j'essaie de la calmer par mes caresses ; mais, d'abord, on me repousse : bientôt après je n'éprouve plus de résistance sans avoir sujet de m'en applaudir; la respiration l'embarrasse, les yeux sont à demi fermés, le corps n'obéit qu'à des mouvements convulsifs, une froideur suspecte s'est répandue sur toute la peau, le pouls n'a plus de mouvement sensible, et le corps paraîtrait entièrement inanimé, si les pleurs ne coulaient pas avec la même abondance.

O pouvoir des larmes! c'est sans doute le plus puissant de tous les traits de l'amour! Mes défiances, mes résolutions, mes serments, tout est oublié. En voulant tarir la source de cette rosée précieuse, je me suis trop approché de cette bouche où la fraîcheur se réunit au doux parfum de la rose ; et, si je voulais m'en éloigner, deux bras, dont je ne saurais peindre la blancheur, la douceur et la forme, sont des liens dont il me devient impossible de me dégager. . . . .
. . . .

« O mon Alvare ! s'écrie Biondetta : j'ai triomphé, je suis le plus heureux de tous les êtres. »

Je n'avais pas la force de parler, j'éprouvais un trouble extraordinaire : je dirai plus ; j'étais honteux, immobile. Elle se précipite à bas du lit : elle est à mes genoux ; elle me déchausse. « Quoi! chère Biondetta, m'écriai-je, quoi ! vous vous abaissez ?... — Ah! répond-elle, ingrat, je te servais lorsque tu n'étais que mon despote : laisse-moi servir mon amant. »

Je suis dans un moment débarrassé de mes hardes : mes cheveux, ramassés avec ordre, sont arrangés dans un filet qu'elle a trouvé dans sa poche. Sa force, son activité, son adresse ont triomphé de tous les obstacles que je voulais opposer. Elle fait avec la même promptitude sa petite toilette de nuit, éteint le flambeau qui nous éclairait, et voilà les rideaux tirés.

Alors avec une voix à la douceur de laquelle la

plus délicieuse musique ne saurait se comparer ;
« Ai-je fait, dit-elle, le bonheur de mon Alvare,
comme il a fait le mien? Mais non : je suis encore la
seule heureuse : il le sera, je le veux ; je l'enivrerai
de délices ; je le remplirai de sciences ; je l'élèverai
au faîte des grandeurs. Voudras-tu, mon cœur, voudras-tu être la créature la plus privilégiée, te soumettre, avec moi, les hommes, les éléments, la nature entière ?

— O ma chère Biondetta! lui dis-je, quoiqu'en
faisant un peu d'effort sur moi-même, tu me suffis :
tu remplis tous les vœux de mon cœur...

— Non, non, répliqua-t-elle vivement, Biondetta
ne doit pas te suffire : ce n'est pas là mon nom : tu
me l'avais donné : il me flattait ; je le portais avec
plaisir : mais il faut que tu saches qui je suis.... Je
suis le Diable, mon cher Alvare, je suis le Diable... »

En prononçant ce mot avec un accent d'une douceur enchanteresse, elle fermait, plus qu'exactement, le passage aux réponses que j'aurais voulu lui
faire. Dès que je pus rompre le silence : « Cesse,
lui dis-je, ma chère Biondetta, ou qui que tu sois, de
prononcer ce nom fatal et de me rappeler une erreur abjurée depuis longtemps.

— Non, mon cher Alvare, non, ce n'était point
une erreur ; j'ai dû te le faire croire, cher petit
homme. Il fallait bien te tromper pour te rendre
enfin raisonnable. Votre espèce échappe à la vérité :
ce n'est qu'en vous aveuglant qu'on peut vous rendre heureux. Ah, tu le seras beaucoup si tu veux

l'être ! je prétends te combler. Tu conviens déjà que je ne suis pas aussi dégoûtant que l'on me fait noir.

Ce badinage achevait de me déconcerter. Je m'y refusais, et l'ivresse de mes sens aidait à ma distraction volontaire.

« Mais réponds-moi donc, me disait-elle :

— Eh ! que voulez-vous que je réponde ?...

— Ingrat, place la main sur ce cœur qui t'adore ; que le tien s'anime, s'il est possible, de la plus légère des émotions qui sont si sensibles dans le mien. Laisse couler dans tes veines un peu de cette flamme délicieuse par qui les miennes sont embrasées ; adoucis, si tu peux, le son de cette voix, si propre à inspirer l'amour, et dont tu ne te sers que trop pour effrayer mon âme timide : dis-moi, enfin, s'il t'est possible, mais aussi tendrement que je l'éprouve pour toi : mon cher Béelzébuth, je t'adore... »

A ce nom fatal, quoique si tendrement prononcé, une frayeur mortelle me saisit ; l'étonnement, la stupeur accablent mon âme : je la croirais anéantie si la voix sourde du remords ne criait pas au fond de mon cœur. Cependant la révolte de mes sens subsiste d'autant plus impérieusement qu'elle ne peut être réprimée par la raison. Elle me livre sans défense à mon ennemi : il en abuse et me rend aisément sa conquête.

Il ne me donne pas le temps de revenir à moi, de réfléchir sur la faute dont il est beaucoup plus l'auteur que le complice.

« Nos affaires sont arrangées, me dit-il, sans altérer sensiblement ce ton de voix auquel il m'avait habitué. Tu es venu me chercher : je t'ai suivi, servi, favorisé ; enfin j'ai fait ce que tu as voulu. Je désirais ta possession, et il fallait, pour que j'y parvinsse, que tu me fisses un libre abandon de toi-même. Sans doute, je dois à quelques artifices la première complaisance ; quant à la seconde, je m'étais nommé : tu savais à qui tu te livrais, et ne saurais te prévaloir de ton ignorance. Désormais notre lien, Alvare, est indissoluble ; mais, pour cimenter notre société, il est important de nous mieux connaître. Comme je te sais déjà presque par cœur, pour rendre nos avantages réciproques, je dois me montrer à toi tel que je suis. »

On ne me donne pas le temps de réfléchir sur cette harangue singulière : un coup de sifflet très-aigu part à côté de moi. A l'instant l'obscurité qui m'environne se dissipe ; la corniche qui surmonte le lambris de la chambre s'est toute chargée de gros limaçons : leurs cornes, qu'ils font mouvoir vivement en manière de bascule, sont devenues des jets de lumière phosphorique, dont l'éclat et l'effet redoublent par l'agitation et l'allongement.

Presque ébloui par cette illumination subite, je jette les yeux à côté de moi ; au lieu d'une figure ravissante, que vois-je? ô ciel! c'est l'effroyable tête de chameau. Elle articule, d'une voix de tonnerre, ce ténébreux *Che vuoi* qui m'avait tant épouvanté dans la grotte, part d'un éclat de rire humain plus effrayant encore, tire une langue démesurée...

Je me précipite ; je me cache sous le lit, les yeux fermés, la face contre terre. Je sentais battre mon cœur avec une force terrible : j'éprouvais un suffoquement comme si j'allais perdre la respiration. Je ne puis évaluer le temps que je comptais avoir passé dans cette inexprimable situation, quand je me sens tirer par le bras ; mon épouvante s'accroît : forcé néanmoins d'ouvrir les yeux, une lumière frappante les aveugle.

Ce n'était point celle des escargots, il n'y en avait plus sur les corniches ; mais le soleil me donnait d'à plomb sur le visage. On me tire encore par le bras ; on redouble : je reconnais Marcos.

« Eh ! seigneur cavalier, me dit-il, à quelle heure comptez-vous donc partir ? si vous voulez arriver à Maravillas aujourd'hui, vous n'avez pas de temps à perdre, il est près de midi. »

Je ne répondais pas ; il m'examine :

« Comment, vous êtes resté tout habillé sur votre lit ? Vous y avez donc passé quatorze heures sans vous éveiller ? Il fallait que vous eussiez un grand besoin de repos. Madame votre épouse s'en est doutée : c'est, sans doute, dans la crainte de vous gêner qu'elle a été passer la nuit avec une de mes tantes ; mais elle a été plus diligente que vous ; par ses ordres, dès le matin, tout a été mis en état dans votre voiture, et vous pouvez y monter. Quant à madame, vous ne la trouverez pas ici. Nous lui avons donné une bonne mule ; elle a voulu profiter de la fraîcheur du matin ; elle vous précède, et doit vous attendre dans le premier village que vous rencontrerez sur votre route. »

Marcos sort. Machinalement je me frotte les yeux, et passe la main sur ma tête, pour y trouver ce filet dont mes cheveux devaient être enveloppés... Elle est nue, en désordre, ma cadenette est comme elle était la veille : la rosette y tient. « Dormirais-je ? me dis-je alors. Ai-je dormi ? Serais-je assez heureux pour que tout ceci n'eût été qu'un songe ? Je lui ai vu éteindre la lumière... Elle l'a éteinte... La voilà. »
Marcos rentre.

« Si vous voulez prendre un repas, seigneur cavalier, il est préparé. Votre voiture est attelée. »

Je descends du lit ; à peine puis-je me soutenir, mes jarrets plient sous moi. Je consens à prendre quelque nourriture, mais cela me devient impossible. Alors, voulant remercier le fermier et l'indemniser de la dépense que je lui ai occasionnée, il refuse.

« Madame, me répond-il, nous a satisfaits, et plus que noblement ; vous et moi, seigneur cavalier, avons deux braves femmes. »

A ce propos, sans rien répondre, je monte dans ma chaise : elle chemine.

Je ne peindrai point la confusion de mes pensées : elle était telle que l'idée du danger dans lequel je devais trouver ma mère ne s'y retraçait que faiblement. Les yeux hébétés, la bouche béante, j'étais moins un homme qu'un automate.

Mon conducteur me réveille.

« Seigneur cavalier, nous devons trouver madame dans ce village-ci. »

Je ne lui réponds rien. Nous traversions une espèce de bourgade ; à chaque maison, il s'informe si l'on n'a pas vu passer une jeune dame en tel et tel équipage. On lui répond qu'elle ne s'est point arrêtée. Il se retourne comme voulant lire sur mon visage mon inquiétude à ce sujet. Et s'il n'en savait pas plus que moi, je devais lui paraître bien troublé.

Nous sommes hors du village, et je commence à me flatter que l'objet actuel de mes frayeurs s'est éloigné au moins pour quelque temps. « Ah! si je puis arriver, tomber aux genoux de dona Mencia, me dis-je à moi-même; si je puis me mettre sous la sauvegarde de ma respectable mère, fantômes, monstres qui vous êtes acharnés sur moi, oserez-vous violer cet asile? J'y retrouverai, avec les sentiments de la nature, les principes salutaires dont je m'étais écarté, je m'en ferai un rempart contre vous.

« Mais si les chagrins occasionnés par mes désordres m'ont privé de cet ange tutélaire... Ah! je ne veux vivre que pour la venger sur moi-même. Je m'ensevelirai dans un cloître... Eh! qui m'y délivrera des chimères engendrées dans mon cerveau! Prenons l'état ecclésiastique. Sexe charmant, il faut que je renonce à vous, une larve infernale s'est revêtue de toutes les grâces dont j'étais idolâtre : ce que je verrais en vous de plus touchant me rappellerait... »

Au milieu de ces réflexions dans lesquelles mon

attention est concentrée, la voiture est entrée dans la grande cour du château. J'entends une voix :

« C'est Alvare ! c'est mon fils ! »

J'élève la vue et reconnais ma mère sur le balcon de son appartement.

Rien n'égale alors la douceur, la vivacité du sentiment que j'éprouve. Mon âme semble renaître : mes forces se raniment toutes à la fois. Je me précipite, je vole dans les bras qui m'attendent. Je me prosterne.

« Ah ! m'écriai-je les yeux baignés de pleurs, la voix entrecoupée de sanglots, ma mère ! ma mère ! je ne suis donc pas votre assassin ? Me reconnaîtrez-vous pour votre fils ? Ah ! ma mère, vous m'embrassez... »

La passion qui me transporte, la véhémence de mon action ont tellement altéré mes traits et le son de ma voix, que dona Mencia en conçoit de l'inquiétude. Elle me relève avec bonté, m'embrasse de nouveau, me force à m'asseoir. Je voulais parler ; cela m'était impossible : je me jetais sur ses mains en les baignant de larmes, en les couvrant des caresses les plus emportées.

Dona Mencia me considère d'un air d'étonnement ; elle suppose qu'il doit m'être arrivé quelque chose d'extraordinaire : elle appréhende même quelque dérangement dans ma raison. Tandis que son inquiétude, sa curiosité, sa bonté, sa tendresse se peignent dans ses complaisances et dans ses regards, sa prévoyance a fait rassembler sous sa main ce qui peut soulager les soins d'un voyageur fatigué par une route longue et pénible.

Les domestiques s'empressent à me servir. Je mouille mes lèvres par complaisance : mes regards distraits cherchent mon frère ; alarmé de ne le pas voir :

« Madame, dis-je, où est l'estimable dom Juan?

— Il sera bien aise de savoir que vous êtes ici, puisqu'il vous avait écrit de vous y rendre; mais, comme ses lettres, datées de Madrid, ne peuvent être parties que depuis quelques jours, nous ne vous attendions pas sitôt. Vous êtes colonel du régiment qu'il avait, et le roi vient de le nommer à une vice-royauté dans les Indes.

— Ciel ! m'écriai-je, tout serait-il faux dans le songe affreux que je viens de faire?..... Mais il est impossible...

— De quel songe parlez-vous, Alvare?

— Du plus long, du plus étonnant, du plus effrayant que l'on puisse faire. »

Alors, surmontant l'orgueil et la honte, je lui fais un détail de ce qui m'était arrivé depuis mon entrée dans la grotte de Portici jusqu'au moment heureux où j'avais pu embrasser ses genoux.

Cette femme respectable m'écoute avec une attention, une patience, une bonté extraordinaires. Comme je connaissais l'étendue de ma faute, elle vit qu'il était inutile de me l'exagérer.

« Mon cher fils, vous avez couru après les mensonges; et, dès le moment même, vous en avez été environné. Jugez-en par la nouvelle de mon indisposition et du courroux de votre frère aîné. Berthe, à qui vous avez cru parler, est, depuis quelque temps, détenue au lit par une infirmité. Je ne songeai jamais à vous envoyer deux cents sequins au-delà de votre pension. J'aurais craint, ou d'entretenir vos désordres, ou de vous y plonger par une libéralité mal entendue. L'honnête écuyer Pimientos est mort depuis huit mois. Et, sur dix-huit cents clochers que possède peut-être M. le duc de Médina-Sidonia dans toutes les Espagnes, il n'a pas un pouce de terre à l'endroit que vous désignez : je le connais parfaitement, et vous aurez rêvé cette ferme et tous ses habitants.

— Ah! madame, repris-je, le muletier qui m'amène a vu cela comme moi. Il a dansé à la noce. »

Ma mère ordonne qu'on fasse venir le muletier; mais il avait dételé en arrivant, sans demander son salaire.

. Cette fuite précipitée, qui ne laissait aucune trace, jeta ma mère en quelques soupçons.

« Nuguès, dit-elle à un page qui traversait l'appartement, allez dire au vénérable dom Quebracuernos que mon fils Alvare et moi l'attendons ici. C'est, poursuivit-elle, un docteur de Salamanque ; il a ma confiance et la mérite : vous pouvez lui donner la vôtre. Il y a dans la fin de votre rêve une particularité qui m'embarrasse ; dom Quebracuernos connaît les termes, et définira ces choses beaucoup mieux que moi. »

Le vénérable ne se fit pas attendre ; il en imposait, même avant de parler, par la gravité de son maintien. Ma mère me fit recommencer devant lui l'aveu sincère de mon étourderie et des suites qu'elle avait eues. Il m'écoutait avec une attention mêlée d'étonnement, et sans m'interrompre. Lorsque j'eus achevé, après s'être un peu recueilli, il prit la parole en ces termes :

« Certainement, seigneur Alvare, vous venez d'échapper au plus grand péril auquel un homme puisse être exposé par sa faute. Vous avez provoqué l'esprit malin, et lui avez fourni, par une suite d'imprudences, tous les déguisements dont il avait besoin pour parvenir à vous tromper et à vous perdre. Votre aventure est bien extraordinaire ; je n'ai rien lu de semblable dans la *Démonomanie de Bodin*, ni dans le *Monde enchanté de Bekker*. Et il faut convenir que, depuis que ces grands hommes ont écrit, notre ennemi s'est prodigieusement raffiné sur la manière de former ses attaques, en profitant des ruses que les hommes du siècle emploient réciproquement pour se corrompre. Il copie la nature fidèlement et avec choix, il emploie la ressource des talents aimables, donne des fêtes bien entendues, fait parler aux passions leur plus séduisant langage ; il imite même jusqu'à un certain point la vertu. Cela m'ouvre les yeux sur beaucoup de choses qui se passent ; je vois d'ici bien des grottes plus dangereuses que celles de Portici, et une multitude d'obsédés qui malheureusement ne se doutent pas de l'être. A votre égard, en prenant des précautions sages pour le présent et pour l'avenir, je vous crois entièrement délivré. Votre ennemi s'est retiré, cela n'est pas équivoque. Il vous a séduit, il est vrai, mais il n'a pu parvenir à vous corrompre; vos intentions, vos remords vous ont préservé à l'aide des secours extraordinaires que vous avez reçus; ainsi son prétendu triomphe et votre défaite n'ont été pour vous et pour lui qu'une *illusion* dont le repentir achèvera de vous laver. Quant à lui, une retraite forcée a été son partage; mais admirez comme il a su la couvrir, et laisser en partant le trouble dans votre esprit et des intelligences dans votre cœur pour pouvoir renouveler l'attaque, si vous lui en fournissez l'occasion. Après vous avoir ébloui autant que vous avez voulu l'être, contraint à se montrer à vous dans toute sa difformité, il obéit en esclave qui prémédite la révolte; il ne veut vous laisser aucune idée raisonnable et distincte, mêlant le grotesque au terrible, le puéril de ses escargots lumineux à la découverte effrayante de son horrible tête, enfin le mensonge à la vérité, le repos à la veille; de manière que votre esprit confus ne distingue rien, et que vous puissiez croire que la vision qui vous a frappé était moins l'effet de sa malice, qu'un rêve occasionné par les vapeurs de votre cerveau : mais il a soigneusement isolé l'idée de ce fantôme agréable dont il s'est longtemps servi pour vous égarer; il la rapprochera si vous le lui rendez possible. Je ne crois pas cependant que la barrière du cloître ou de notre état soit celle que vous deviez lui opposer. Votre vocation n'est point assez décidée ; les gens instruits par leur expérience sont nécessaires dans le monde. Croyez-moi, formez des liens légitimes avec une personne du sexe ; que votre respectable mère préside à votre choix : et dût celle que vous tiendrez de sa main avoir des grâces et des talents célestes, vous ne serez jamais tenté de la prendre pour le diable. »

ÉPILOGUE

DU DIABLE AMOUREUX.

Lorsque la première édition du *Diable Amoureux* parut, les lecteurs en trouvèrent le dénoûment trop brusque. Le plus grand nombre eût désiré que le héros tombât dans un piége couvert d'assez de fleurs pour qu'elles pussent lui sauver le désagrément de la chute. Enfin l'imagination leur semblait avoir abandonné l'auteur parvenu aux trois quarts de sa petite carrière : alors la vanité, qui ne veut rien perdre, suggéra à celui-ci, pour se venger du reproche de stérilité et justifier son propre goût, de réciter aux personnes de sa connaissance le roman en entier, tel qu'il l'avait conçu dans le premier feu. Alvare y devenait la dupe de son ennemi ; et l'ouvrage alors divisé en deux parties se terminait dans la première par cette fâcheuse catastrophe, dont la seconde partie développait les suites : d'obsédé qu'il était, Alvare, devenu possédé, n'était plus qu'un instrument entre les mains du diable, dont celui-ci se servait pour mettre le désordre partout. Le canevas de cette seconde partie, en donnant beaucoup d'essor à l'imagination, ouvrait la carrière la plus étendue à la critique, au sarcasme, à la licence.

Sur ce récit, les avis se partagèrent : les uns prétendirent qu'on devait conduire Alvare jusqu'à la chute inclusivement, et s'arrêter là ; les autres, qu'on ne devait pas en retrancher les conséquences.

On a cherché à concilier les idées des critiques dans cette nouvelle édition. Alvare y est dupe jusqu'à un certain point, mais sans être victime ; son adversaire, pour le tromper, est réduit à se montrer honnête et presque prude : ce qui détruit les effets de son propre système, et rend son succès incomplet. Enfin, il arrive à sa victime ce qui pourrait arriver à un galant homme, séduit par les plus honnêtes apparences : il aurait sans doute fait de certaines pertes ; mais il sauverait l'honneur, si les circonstances de son aventure étaient connues.

On pressentira aisément les raisons qui ont fait supprimer la deuxième partie de l'ouvrage, si elle était susceptible d'une certaine espèce de comique, aisé, piquant, quoique forcé ; elle présentait des idées noires, et il n'en faut pas offrir de cette espèce à une nation de qui l'on peut dire que, si le rire est un caractère distinctif de l'homme comme animal, c'est chez elle qu'il est le plus agréablement marqué. Elle n'a pas moins de grâces dans l'attendrissement ; mais, soit qu'on l'amuse ou qu'on l'intéresse, il faut ménager son beau naturel, et lui épargner les convulsions.

Ce petit ouvrage, aujourd'hui réimprimé et augmenté, quoique peu important, a eu dans le principe des motifs raisonnables, et son origine est assez noble pour qu'on ne doive en parler ici qu'avec les plus grands ménagements. Il fut inspiré par la lecture du passage d'un auteur infiniment respectable, dans lequel il est parlé des ruses que peut employer le démon quand il veut plaire et séduire. On les a rassemblées, autant qu'on a pu le faire, dans une allégorie où les principes sont aux prises avec les passions : l'âme est le champ de bataille ; la curiosité engage l'action, l'allégorie est double, et les lecteurs s'en apercevront aisément.

On ne poursuivra pas l'explication plus loin ; on se souvient qu'à vingt-cinq ans, en parcourant l'édition complète des OEuvres du Tasse, on tomba sur un volume qui ne contenait que l'éclaircissement des allégories renfermées dans la *Jérusalem délivrée*. On se garda bien de l'ouvrir. On était amoureux passionné d'Armide, d'Herminie, de Clorinde : on perdait des chimères trop agréables, si ces princesses étaient réduites à n'être que de simples emblèmes.

FIN DU DIABLE AMOUREUX.

AVENTURE DU PÈLERIN.

Un roi de Naples, il s'appelait Roger, étant à la chasse, s'écarta de sa suite et s'égara dans une forêt. Il y fit rencontre d'un pèlerin, homme d'assez bonne mine, qui, ne le connaissant point pour ce qu'il était, l'aborde avec liberté, et lui demande le chemin de Naples.

« Compagnon, lui répond le roi, il faut que vous veniez de loin; car vous avez le pied bien poudreux.

— Il n'est cependant pas, répondit le pèlerin, couvert de toute la poussière qu'il a fait voler.

— Vous avez dû voir, poursuivit Roger, et apprendre bien des choses dans vos voyages?

— J'ai vu, repartit le pèlerin, beaucoup de gens qui s'inquiétaient de peu. J'ai appris à ne me pas rebuter d'un premier refus. Je vous prie donc encore de vouloir m'enseigner la route qu'il faut que je prenne; car la nuit vient, et je dois penser à mon gîte.

— Connaissez-vous quelqu'un à Naples? demanda le roi.

— Non, répondit le pèlerin.

— Vous n'êtes donc pas sûr, poursuivit le roi, d'y être bien reçu?

— Au moins, je suis sûr, dit le pèlerin, de pardonner le mauvais accueil à ceux qui me l'auront fait sans me connaître; la nuit vient, où est le chemin de Naples?

— Si je suis égaré comme vous, dit Roger, comment pourrai-je vous l'indiquer? Le mieux est que nous le cherchions de compagnie.

— Cela serait à merveille, dit le pèlerin, si vous n'étiez pas à cheval; mais je retarderais trop votre marche, ou vous presseriez trop la mienne.

— Vous avez raison, dit Roger, il faut que tout soit égal entre nous, puisque nous courons même fortune. »

Sur ce propos, il descend de cheval, et le voilà côte à côte avec le pèlerin.

« Devineriez-vous avec qui vous êtes? dit-il à son compagnon.

— A peu près, répondit celui-ci; je vois bien que je suis avec un homme.

— Mais, insista Roger, pensez-vous être en sûreté dans ma compagnie?

— J'attends tout des honnêtes gens, reprit le pèlerin, et suis sans appréhension des voleurs.

— Croiriez-vous, ajouta Roger, que vous êtes avec le roi de Naples?

— J'en ai de la joie, reprit le pèlerin; je ne crains pas les rois; ce ne sont pas eux qui nous font du mal; mais, puisque vous l'êtes, je vous félicite de m'avoir rencontré. Je suis peut-être le premier homme qui se soit montré devant vous à visage découvert.

— Eh bien! dit le roi, il ne faut pas que je sois le seul qui tire avantage de notre entrevue. Suivez-moi, je ferai quelque chose pour votre fortune.

— Elle est faite, sire, répondit le pèlerin, je la porte avec moi. J'ai là, dit-il en montrant son bourdon et sa besace, deux bons amis qui ne me laisseront manquer de rien. Je souhaite que vous trouviez dans la possession de votre couronne toute la satisfaction que je goûte avec eux.

— Vous êtes donc heureux? dit Roger.

— Si l'homme peut l'être, répondit le pèlerin : en tout cas, j'ai fait un vœu, c'est de m'aller pendre si j'en trouve un plus heureux que moi.

— Mais, dit le roi, comment se peut-il que vous viviez content de votre sort, ayant besoin de tout le monde?

— Serais-je plus heureux, dit le pèlerin, si tout le monde avait besoin de moi?

— Allez vous pendre, reprit Roger, car je pense être plus heureux que vous.

— Si ce mal devait m'arriver, répliqua le pèlerin, je croirais que quelque faquin, plus désœuvré que moi, dût me porter le coup. Je ne l'attendais pas de la part dont il me vient; mais, comme le pas est dur à franchir, je pense qu'avant tout il serait bon que nous comptassions ensemble.

— Cela sera bientôt fait, dit Roger. J'ai en abondance les commodités de la vie. Quand je voyage; je le fais à mon aise, comme vous pouvez le voir; car je suis bien monté, et j'ai dans mes écuries trois cents chevaux qui valent au moins celui-ci; retourné-je à Naples, je suis sûr d'être parfaitement reçu.

— Je ne ferai qu'une question, dit le pèlerin. Jouissez-vous de tous ces biens avec une sorte de vivacité? Seriez-vous sans affaires, sans ambition, sans inquiétude?

— Vous en demandez trop, pèlerin, reprit Roger.

— Votre Majesté me pardonnera, dit le pèlerin; mais, comme l'affaire doit avoir des suites très-sérieuses pour moi, je dois tout faire entrer en ligne de compte. Voici le mien : J'ai fait un honnête exercice. J'ai grand appétit, et souperai fort bien de tout ce qui se trouvera : ensuite, je dormirai d'un bon somme jusqu'au matin. Je me lèverai frais et dispos. J'irai partout où me porteront la curiosité, la dévotion ou la fantaisie. Après-demain, si Naples m'ennuie, le reste du monde est à moi. Convenez, sire, que si je perds contre vous, je perds à beau jeu.

— Pèlerin, dit le monarque, je m'aperçois que vous n'êtes pas las de vivre, et vous avez raison. Je me tiens pour vaincu; mais, pour l'aveu que je fais j'exige que vous soyez mon hôte pendant le séjour que vous ferez à Naples.

— Je m'en garderai bien, sire, répliqua le pèlerin; non que je me croie indigne de l'honneur que vous voulez me faire : vous nous exposeriez tous deux aux discours malins de vos courtisans. Pendant qu'ils applaudiront en apparence à votre charité, qu'ils affecteraient de me faire un accueil obligeant, on demanderait tout bas où vous avez ramassé cet étranger, ce vagabond ; ce que vous en prétendez faire ; quels talents, quel mérite vous lui supposez. On vous taxerait de trop de confiance, de légèreté, même de quelque chose de pis.

— Et où le pèlerin, repartit Roger, a-t-il appris à connaître la cour?

— Je suis né, repartit le pèlerin, commensal d'un palais; et, quoique je pusse y vivre fort à mon aise, je me lassai bientôt d'y entendre fort mal parler d'un très-bon maître qu'on ne cessait de flatter en public, de voir qu'on ne cherchait qu'à le tromper, et de vivre enfin avec des gens qui n'avaient rien de haut que l'extérieur : je m'éloignai bien vite pour aller chercher ailleurs du naturel, des sentiments, de la franchise, de la liberté. Depuis ce temps, je cours le monde.

— Et vous pensez, dit le monarque, que toutes les cours se ressemblent?

— C'est, reprit le pèlerin, le même esprit qui les gouverne.

— Vous avez donc, poursuivit le roi, bien mauvaise opinion des gens qui nous approchent?

— Vous seriez de mon avis, sire, s'ils se montraient à vous au naturel. Mais ils sont sur leurs gardes à cet égard, et auraient de belles craintes s'ils pensaient que vous pussiez lire dans leur âme. Je veux, à ce sujet, vous fournir un moyen de vous divertir à leurs dépens. Ce moyen n'est pas bien étrange, et ne demande qu'un peu de mystère. »

Là-dessus, le pèlerin développe son projet. Cependant le bruit des cors et des chiens, annonçant que les équipages de Roger allaient bientôt le rejoindre, l'étranger se sépare de lui pour n'être pas aperçu, tandis que le prince monte à cheval et pique des deux pour aller au-devant de la chasse.

Le lendemain, le pèlerin se présente devant le monarque avec un placet; le roi reçoit le placet sans affectation; et, comme s'il eût méconnu l'homme, témoigne d'abord quelque surprise, puis ordonne que l'on amène cet étranger au palais, lui donne une audience de deux heures dans son cabinet, et sort de cette audience d'un air rêveur, embarrassé, capable d'intriguer tous les spéculatifs de la cour.

Les gens qui n'étaient là que pour le cortége ou pour grossir la foule n'osaient témoigner leur curiosité; mais le ministre, la maîtresse, le favori, ceux enfin qui avaient part à la confiance, hasardèrent bientôt des questions.

« Cet homme, dit le prince à son ministre, qui lui en parla le premier, est bien extraordinaire, et possède des secrets surnaturels. Il m'a dit et m'a fait voir des choses étranges : voyez le présent qu'il m'a fait. Ce miroir, qui semble très-commun, représente d'abord les objets au naturel; mais, par le secours de deux mots chaldéens, l'homme qui s'y regarde s'y voit tel qu'il aurait fantaisie d'être. En un mot, ces souhaits, ces imaginations, ces rêves que les passions nous font faire en veillant, viennent s'y réaliser. J'en ai fait l'expérience; et, croiriez-vous que je me suis vu sur le trône de Constantinople, ayant mes rivaux pour courtisans et mes ennemis à mes pieds? Mais le récit ne donne qu'une idée imparfaite de la chose : il faut que vous la voyiez vous-même, et vous ne pourrez revenir de votre surprise.

— Dispensez-m'en, sire, reprit le ministre d'un ton froid et grave, qui déguisait assez bien son embarras. Ce pèlerin ne peut être qu'un dangereux magicien : je regarde son miroir comme une invention diabolique, et les paroles qu'on a enseignées à Votre Majesté sont sûrement sacriléges. Je m'étonne que, pieuse comme elle est, elle n'ait pas conçu d'horreur pour une aussi damnable invention. »

Roger ne crut pas devoir insister davantage auprès de son ministre, et essaya de présenter le miroir à sa maîtresse et au favori. La première feignit de s'évanouir de frayeur; l'autre répondit :

« Ayant les bonnes grâces de Votre Majesté, je suis tel que je désire d'être et ne veux rien voir au delà. »

Roger tenta vainement de faire ailleurs l'essai de son miroir; il éprouva partout les mêmes refus. Les consciences s'étaient révoltées; il faut, disait-on, brûler le pèlerin et son miroir.

Le roi, voyant que la chose prenait un tour assez sérieux pour qu'on lui en fît parler par les personnes autorisées, fit appeler le pèlerin à son audience publique.

« Vous n'êtes pas sorcier, pèlerin, lui dit-il, mais vous connaissez le monde. Vous avez parié que je ne trouverais personne à ma cour qui voulût se montrer à moi tel qu'il est, et vous avez gagné votre gageure. Reprenez votre miroir : vous l'aviez acheté dans une boutique de Naples, et il vous a très-bien servi pour les deux carolus qu'il vous a coûté. »

FIN DE L'AVENTURE DU PÈLERIN.

L'HONNEUR PERDU ET RECOUVRÉ

EN PARTIE ET REVANCHE,

OU RIEN DE FAIT.

NOUVELLE HÉROÏQUE.

Puissance du ciel, fermez les yeux sur la faute que fait commettre un amour extravagant, quoique l'objet en soit méritant et le but vertueux.

Où va Sibille de Primrose, dans le désordre extraordinaire où je la vois, et par la route hasardeuse qu'elle prend? elle s'échappe, à dix heures du soir, du château paternel, après avoir endormi la confiance de sa famille et des domestiques. Une échelle, ouvrage de son industrie, produit du sacrifice de ses vêtements, l'aide à descendre, de soixante pieds de haut, dans un fossé humide; elle en sort avec peine, et va à la porte de son père nourricier.

« Ah! Gérard! mon cher Gérard! ouvrez-moi, recevez-moi, sauvez-moi, tout est prêt, au point du jour, pour m'unir par le mariage à l'odieux Raimbert. »

L'honnête Gérard se lève, ouvre la porte.

« Eh! notre damoiselle, que puis-je faire?

— Me faire entrer dans votre barque, mettre sur-le-champ à la voile; nous éloigner des côtes de Bretagne. Aller si loin, si loin...

— Mais où irons-nous, damoiselle?

— Où nous pourrons, Gérard; où Raimbert ne puisse pas me trouver. Prends ma bourse, mon ami, je te la donne de grand cœur. Voici une lettre pour Conant de Bretagne; tu iras le chercher, tu la lui remettras. Je vais te la lire, afin que tu en retiennes le sens, si elle venait à se perdre.

« Que faites-vous en France, tandis qu'on travaille
» à vous enlever Sibille? Laissez là les tournois.
» Qu'est-ce que la gloire, Conant, auprès du bien
» qu'on a été au moment de nous ravir? Que fussions-nous devenus, si je ne vous eusse pas aimé
» au point de tout exposer pour vous? On m'unissait
» demain à Raimbert, à votre lâche ennemi! Adieu
» châteaux, palais, principautés, ambition, tyrannie
» et esclavage brillants: je vous échappe sur une
» faible barque. Je vais à Rome me réfugier aux
» pieds de l'arbitre trois fois couronné des décisions
» des prétendus maîtres de la terre. On lui a surpris
» une dispense; elle porte sur de faux exposés. J'ai
» pour moi la vérité, la religion, l'amour, et saurai
» faire valoir des droits qui assureront pour la vie à
» Conant de Bretagne le cœur, l'âme et la main de
» la tendre Sibille de Primrose.

» *P. S.* Je gagnerai, si je puis, les côtes de la Gas-

» cogne ; de là j'irai chercher les Alpes, dont les
» neiges cesseront bientôt d'embarrasser les pas-
» sages. Partez, Conant ; venez vous réunir à moi.
» Je vais prendre l'habit de pèlerine ; ce déguisement
» vous convient comme à moi ; adieu. »

Gérard ne peut tenir contre les caresses, les larmes et l'or de l'intéressante damoiselle. Le frère de lait et lui mettent la barque en état d'appareiller : on s'embarque avant minuit ; on met à la voile ; on prend le large.

Ah ! Sibille ! Sibille ! vous sacrifiez l'intérêt de votre famille, le repos de vos vassaux au choix de votre cœur. Conant est noble, vaillant, généreux, aimable, renommé. Mais Sibille ! la nature et l'humanité ont des droits ; la mer a ses périls ; on en trouve encore sur la terre : on peut bien être votre historien ; on ne voudrait pas avoir été votre conseil.

A présent, l'amour vous tient lieu de tout ; et d'abord les éléments semblent favoriser votre indiscrète entreprise. Au lever du soleil, vous vous voyez avec satisfaction au milieu de la Manche, d'où vous cherchez à gagner les côtes d'une province où vous puissiez, sans danger d'être reconnue, vous arranger pour suivre vos projets. Mais le vent s'élève avec le jour ; il trouble le calme des flots que votre barque sillonne ; bientôt il se renforce ; c'est un orage violent, c'est une véritable tempête qui va vous assaillir.

Gérard est forcé de serrer toutes les voiles, d'abandonner son bâtiment aux vagues, qui le portent avec impétuosité sur les Sorlingues. Un courant l'entraîne sur les côtes de la principauté de Galles, où il va couvrir de ses débris la pointe de Saint-David.

La présence d'esprit ne vous abandonne pas, elle vous fait confier votre salut à une planche ; l'instinct vous y attache et vous y retient quand la réflexion avec le sentiment vous abandonnent. Vous êtes portée sur un esquif plat et à fleur d'eau : des mains adroites et secourables vous y reçoivent, en vous dérobant au danger d'être brisée. Vous êtes meurtrie, blessée ; la pâleur de la mort couvre vos joues, les tresses de vos cheveux mouillées vont tomber sur vos épaules débarrassées de vos vêtements. Ce sont des mains de femmes qui vont parcourir toutes ces beautés que voilait la pudeur avec des soins si délicats. Il faut examiner les contusions, les écorchures, les meurtrissures, pour y appliquer des remèdes ; un concert de voix, parmi lesquelles celle d'un homme seul se fait distinguer, répète avec l'accent de la plus vive compassion : « Quel dommage ! qu'elle est belle ! » Cependant on prend votre bras pour y chercher le battement du pouls ; il est presque imperceptible ; on appuie la main sur votre cœur ; un mouvement faible annonce que vous tenez encore à la vie : le zèle uni à l'adresse emploie les ressources de l'art pour vous y rappeler entièrement. Nous allons, dans l'inquiétude, épier l'instant de votre rappel à la lumière pour jouir de votre étonnement à l'aspect de tout ce dont vous êtes environnée.

L'intéressante Primrose revenait à elle-même par degrés. Un moment lucide était suivi presque aussitôt d'un nouveau désordre dans les idées. La faiblesse, dans tous les cas, l'empêchait même d'articuler des plaintes. Peu à peu, les gelées qu'on la forçait de prendre la disposent au sommeil, et l'on s'écarte d'elle avec prudence pour la laisser jouir du bienfait de la nature.

Une heure de repos lui a rendu l'usage de la réflexion ; elle ouvre les yeux. Les rideaux du lit sont fermés, mais ils lui laissent entrevoir la lumière des bougies dont la chambre est éclairée. Elle se rappelle les bruits dont ses oreilles ont été frappées dans les courts intervalles où elle a été rendue à elle-même. Bientôt reviennent en foule les idées de sa fuite, de son embarquement, du naufrage de la barque, même de la planche à laquelle elle avait confié son salut.

« Où suis-je? dit-elle. M'aurait-on ramenée au château de mon père? mais ce n'est pas ici mon lit. J'entends parler bas... J'avais perdu connaissance. Ne témoignons point que je l'ai recouvrée. Épions ce qui m'entoure ici ; et si tout nous y est étranger, dérobons, s'il est possible, le secret de ma position. »

Elle finissait de former son petit plan. Une femme vient de soulever le rideau, s'approche d'elle, lui met la main près de la bouche.

« C'est, dit-elle, la respiration d'un enfant. Elle

dort encore ; allez, Suzanne, allez dire à Guaizick d'apporter un bouillon. »

Cela était prononcé d'un ton rempli d'intérêt. Mais quel sujet d'inquiétude pour Sibille ! L'ordre dont Suzanne était porteuse était donné en langage breton. Il s'adressait à une nommée Guaizick ; l'idiome, ainsi que le nom, rappelaient à la tremblante belle le pays dont elle avait voulu s'éloigner. La tempête l'aurait-elle rejetée sur les côtes de Bretagne, si dangereuses pour elle.

On apporte le bouillon. Les rideaux du lit sont ouverts. La belle ayant la main sur les yeux, comme par l'effet d'un mouvement naturel, déguise l'attention qu'elle va donner à ce qui l'environne.

Ce sont trois femmes et un homme d'une prestance imposante et presque héroïque.

« Prenez sa main, mon prince, disait la femme dont elle avait déjà entendu la voix. Nous allons lui soulever la tête. »

Le cavalier prend la main, la baise avec transport ; Primrose ne la retire point. Les yeux fermés, elle se laisse donner le bouillon, sans paraître le prendre.

« Vive Dieu ! mon prince, nous sauverons notre ange. Voyez ses meurtrissures, elles sont bien noires ; c'est bon signe. Suzanne, apportez-moi du camphre. »

La main de Primrose restait comme dépourvue de sentiment entre celles de l'homme qui s'en était saisi.

« Voyez, disait-il à la femme, ma bonne Bazilette,

comme ces doigts-là sont moulés. Voyez, malgré la pâleur du reste du corps, comme ils sont terminés par de jolis boutons de rose !

— Ah ! mon prince, disait une autre femme, son haleine est aussi douce que le parfum des fleurs dont vous parlez.

— Je veux la respirer, disait le prince en laissant aller la main.

— Ah ! l'horreur, s'écria Bazilette. Ce sont des conserves et non des baisers qu'il faut approcher de ses lèvres. Si, par malheur, on l'enterrait demain, le prince Lionel se serait attiré un beau renom dans tout le pays de Galles ; mais j'en augure mieux ; nous ne l'enterrerons pas. Bien des gens doivent la pleurer : ne fussent que les originaux des trois jolis portraits trouvés dans sa poche.

— Où les avez-vous mis ? dit Lionel.

— Ils étaient pleins d'eau de mer : je les ai lavés, j'ai bien nettoyé les émeraudes et les rubis dont ils sont entourés ; ils doivent être secs.

— Qu'on aille les chercher. Je veux les examiner. Peut-être nous trouverons-nous en pays de connaissance. »

On juge combien attentivement Primrose écoutait cette conversation.

On vient de lui apprendre où elle est. Elle n'y est point connue, ni même soupçonnée ; mais on va examiner les portraits de son père, de son frère, et surtout celui de Conant de Bretagne, cet homme fait, selon elle, pour être connu comme pour être admiré de toute la terre. Le voile dont elle prétend se couvrir va peut-être se déchirer. Les Bretons et les Gallois ont une origine commune ; la mer qui les sépare est un moyen de communication, et fort souvent une source de querelles. On peut la sacrifier aux égards qu'entraînent les liaisons du sang, ou la rendre le gage de l'arrangement de quelque nouveau démêlé.

Les portraits sont sur la scène, et ne rappellent l'idée d'aucune physionomie connue.

« Voilà trois beaux hommes, disait Bazilette. Il y en a un qui a la physionomie d'un héros.

— Elle rêvait à ces messieurs-là sur le bord de la mer, disait Suzanne ; elle s'y oubliait ; des brigands l'auront surprise et enlevée. On n'a pas retrouvé les corps de ces coquins-là ; si on les tenait, on pourrait leur faire payer chèrement ce rapt ; mais ils n'en sont pas mieux, si les requins leur en demandent compte. »

Lionel considérait les portraits avec les yeux d'un rival. Celui de Conant annonçait trop d'avantage pour ne pas lui déplaire infiniment. Le prince de Galles avait conçu un goût très-vif pour la belle que ses soins venaient de réchapper des flots ; car elle était absolument redevable de la vie à des secours très-bien entendus et dirigés par lui-même.

Des fenêtres de son château, dont la vue portait sur la mer, il avait aperçu le désastre de la barque. Un goût pour l'action, un mouvement d'humanité l'avaient fait courir au rivage, d'où il ordonnait la manœuvre à laquelle Primrose devait sa conservation.

Le caractère connu d'un homme sert à expliquer les actions qui en émanent : tâchons de donner une idée de celui de Lionel.

Il était prince héréditaire de Galles, veuf à l'âge de trente ans, jaloux de sa liberté. Tandis que le souverain du pays, son père, tenait sa cour à Cardigam, lui, préférant l'amusement de la pêche à tout autre, vivait, entouré de la jeunesse qui composait sa société, dans un palais situé sur les hauteurs de Saint-David, où il avait recueilli la belle Primrose.

Partout où il avait fallu montrer du courage, il en avait donné des preuves. A l'extérieur, il était humain et bienfaisant, particulièrement dans les occasions d'éclat. Dans l'intérieur de son palais, comme il pensait que tout était fait pour lui, il rapportait tout à soi, pouvait oublier un ancien service de quelque importance, mais jamais ceux qui contribuaient à sa satisfaction actuelle. Il était d'ailleurs impérieux ; et, quelque opinion qu'il eût épousée, il en demeurait si prévenu, qu'on ne pouvait l'en faire changer. Enfin c'était un prodige d'entêtement, même parmi les Gallois.

Il aimait passionnément le sexe, et point du tout les femmes ; avait-il obtenu leurs bonnes grâces, au peu de cas qu'il en faisait, il ne pouvait concevoir toute l'importance qu'elles y attachaient ; et, malgré ce défaut, décelé par sa conduite en toute occasion, il avait jusque-là toujours réussi auprès d'elles. Il est vrai qu'il était beau, bien fait, jeune, magnifique et prince.

Deux enfants en bas âge lui restaient de son mariage, et il avait conservé près d'eux et de lui les femmes attachées à leur service. Bazilette en était la gouvernante : elle avait la confiance du prince, à plus d'un égard, et l'on aura occasion de connaître le genre de services qui la lui avaient le plus méritée. Cette femme, d'un état moyen, entre deux âges, instruite par l'expérience, joignait aux ressources d'un esprit naturel beaucoup de liant dans le caractère.

Rassurée contre la frayeur d'être trop rapprochée de sa famille, contre celle d'être reconnue, la belle malade a éprouvé un saisissement cruel, en apprenant le désastre de ses compagnons d'aventure : elle se voyait au point de condamner la violence de la passion qui les y avait exposés. Mais épouser Raimbert! renoncer à Conant! à la seule idée de ces extrémités, les remords sont forcés de s'éloigner.

« O chère idole de mon cœur! prononce-t-elle tout bas; la nécessité de se rejoindre à toi, est la seule chose dont Sibille doive s'occuper. »

Lionel tenait encore une de ses mains : elle la retire, comme cédant à un mouvement convulsif, et se retourne du côté de la ruelle.

Bazilette lui arrange un oreiller sous la tête.

« Sortons, sortons, dit cette gouvernante. Les forces reviennent : on a besoin de sommeil. La pauvre enfant n'a peut-être pas dormi depuis trois jours, quoiqu'elle ait toujours eu les yeux fermés. »

Les portraits étaient demeurés sur un bureau ; Lionel s'en saisit, et sort. Bazilette ferme les rideaux.

« Veillez, Suzanne, dit-elle à une autre femme. Je vais placer Guaiziek dans l'antichambre ; si l'on s'éveille, vous appellerez. »

Primrose était bien accablée : cependant elle ne s'endormit pas avant d'avoir réfléchi sur ce qu'elle avait pu connaître de sa situation.

Elle ne pouvait pas toujours rester insensible et muette. En exerçant aussi noblement l'hospitalité à son égard, il était naturel qu'on fût curieux de la connaître. Il fallait donc arranger un petit roman tout d'invention, dont le plan pût faciliter les moyens de réaliser celui qu'on avait dans la tête.

De son côté, le prince de Galles comptait faire prendre à l'aventure une tournure absolument différente. Il était amoureux à sa manière, plus qu'il ne l'avait été de sa vie.

« Charmante petite créature ! disait-il, le sentiment de l'amour ne vous est pas nouveau. Il y paraît à la garniture de vos poches. Occupée du souvenir agréable de vos conquêtes, vous en portez partout avec vous les trophées ; mais je cesserai d'être semblable à moi, ou je vous ferai oublier tous ces triomphes. »

Puis, en regardant le portrait de Conant :

« Ce charmant vainqueur n'est peut-être que l'effort de l'imagination d'un peintre désœuvré. Va, ma bonne Bazilette, soigne bien ta malade; surtout, dès que la parole lui sera revenue, tâche de savoir qui elle est; elle nous en doit la confidence. »

Bazilette va mettre tout le zèle possible à remplir les ordres dont elle est chargée; mais ce sera avec tous les ménagements imaginables. Ses soins lui gagneront la confiance avant qu'elle en demande un témoignage; et si elle se montre curieuse, ce sera pour avoir un motif de plus de se montrer empressée.

Vient-elle auprès de la convalescente, c'est pour lui offrir des secours. Primrose, à son approche, ouvre les yeux.

« Ah! les beaux yeux! s'écrie la bonne. Il ne nous fallait plus que cela pour nous achever. Un homme va venir vous voir. Fermez-les pour son repos. Mais non : ne les fermez pas; ils éclairent l'appartement. Ils témoignent que vous êtes vivante, et raniment l'espérance de tout ce qui s'intéresse à vous. Hélas! ils peuvent donner la vie ou la mort à quelqu'un devenu plus malade que vous par votre danger, et depuis votre danger.

» M'entendez-vous? Témoignez-le par un signe. Faites voir, mon ange, que votre âme ne s'est point éloignée de ce beau corps. Ne parlez pas, j'ai un bouillon à vous donner; buvez lentement, buvez tout; mangez cette conserve : elle doit vous fortifier. Souffrez qu'on vous mette sur ce lit de repos, on va faire le vôtre. Suzanne, venez! Guaiziek, appelez votre compagne. Donnez-moi toutes la main, et craignons de blesser le petit ange. »

On cessera de s'arrêter sur les soins délicats et recherchés que rend Bazilette à sa malade. Quatre jours se sont écoulés, sans avoir donné lieu à des événements d'un autre genre que ceux qu'on vient de retracer. Une seule circonstance a varié. Lionel ne peut plus s'emparer d'une main; toutes deux sont cachées sous la couverture.

Deux parfaitement beaux yeux, pleins d'une langueur attendrissante, démontrant une touchante sensibilité à ce qui les environne, éveilleraient une véritable compassion dans l'âme la plus endurcie. Ils font un tout autre effet sur Lionel. S'il a dû faire des sacrifices, ils sont faits; c'est à lui à en exiger à son tour; mais il lui en faut dont son orgueil puisse s'applaudir; tout autre serait vil à ses yeux.

A mesure que la pâleur, occasionnée par l'effroi, la fatigue, l'épuisement et la défaillance, se dissipe, on voit renaître les lis et les roses sur un teint où le printemps de l'âge développe ses plus brillants trésors. Le retour de la santé s'annonce avec la pompe de la beauté dans toute sa fraîcheur. La belle Primrose a risqué de répondre, par quelques signes, par des mots obligeants, à ce qu'on lui dit de flatteur, du vif intérêt dont elle paraît être l'objet.

Enfin le temps est venu pour Bazilette d'entamer le chapitre des confidences. Un signe qu'elle fait et qu'on entend, éloignant les importuns, la laisse seule avec la convalescente; et la conversation critique va commencer.

« Oh! belle entre toutes les belles! Savez-vous où vous êtes?

— Non, mademoiselle, lui répond faiblement Sibille.

— Pauvre enfant, précipitée des nues dans le sein des mers, la Providence vous y ménageait un berceau où rien ne pourra vous manquer. »

Après ce début, l'adroite gouvernante passe à l'histoire des procédés secourables de Lionel, à l'égard de la belle naufragée : l'éloge de l'intelligence, de l'âme, du courage, des vertus du prince, s'y mêle naturellement et orne le récit d'un trait de bienfaisance et d'humanité, paraissant s'élever au-dessus de la règle ordinaire et dont il est seul le héros.

Primrose, ayant déjà tout appris, feignait néanmoins de tout apprendre ; mais elle n'en témoigne pas une moindre surprise de se voir tombée dans des mains aussi humaines, aussi généreuses. Les bienfaits dont elle avait à se louer devenaient d'autant plus touchants pour elle, qu'ils partaient d'une main aussi élevée, et empruntaient un nouveau lustre à ses yeux de la noblesse de leur origine.

« A présent, dit Bazilette, nous attendons la récompense des soins dont vous voulez bien vous louer. Faites-nous connaître la personne à qui nous avons le bonheur de rendre quelques services. C'est pour payer notre zèle et non pour l'encourager. Vos beautés, votre douceur, le charme qui vous environne, l'ont déjà porté à l'excès où il peut atteindre. Dites-nous par quel coup de fortune, une personne de votre âge, aussi faible que vous l'êtes, a pu être livrée aux hasards de la mer sur une faible barque de pêcheurs ?

— Hélas ! mademoiselle, voici mon histoire. Mon père, encore à la fleur de l'âge, est affligé d'un mal extraordinaire, contre lequel les dernières ressources de la médecine ont échoué. Un saint personnage a eu la révélation que ce mal ne pouvait être guéri, si je n'entreprenais le pèlerinage de saint Jacques de Compostelle. J'en ai solennellement fait le vœu. Le voyage par terre était effrayant. Nous avions une barque. J'ai imaginé, allant de côte en côte, pouvoir gagner le golfe de Gascogne, en profitant des beaux temps de la saison. J'en devais partir pour l'Espagne, avec un de mes frères qui m'accompagnait. Vous savez le reste de ma fâcheuse aventure.

— Elle est bien malheureuse, madame, dit Bazilette ; d'autant que, selon l'apparence, monsieur votre frère aura péri ; mais vous devez avoir fait encore d'autres pertes : au moins, si l'on en juge par les effets trouvés dans vos poches. »

Ici, la rougeur monta au visage de Primrose. Elle la surmonte.

« J'y avais, puisque vous le savez, mademoiselle, une somme suffisante pour accomplir l'objet que je m'étais proposé de suivre, et faire une offrande sur le lieu, avec quelques portraits de famille. Mes seules pertes d'ailleurs sont ma capeline, mon camail, mon bourdon et mon chapelet. Ce sont des choses nécessaires, dans ma position, mais de peu de valeur en elles-mêmes. Mais mon pauvre frère! mademoiselle; mais l'homme qui nous conduisait! voilà de véritables objets de regret.

— Tout n'est pas désespéré pour eux, madame; mais vos inquiétudes sont fondées, et je les partage : on n'a rien omis pour les secourir, s'il était possible de le faire, ou pour les retrouver. Tout a été inutile. Je vous fatigue un peu, promettez-m'en le pardon, et accordez-m'en le signe, en nous apprenant le nom de famille de celle à qui nous nous sommes absolument dévoués.

— Je suis forcée à le taire, répondit la belle convalescente; mon vœu m'oblige à voyager humble et absolument inconnue. »

Sibille prononça difficilement ces dernières paroles. Bazilette, la supposant fatiguée, termina la conversation, pour en aller rendre compte à Lionel.

Le prince l'écoute pendant quelque temps sans l'interrompre; puis, éclatant tout à coup :

« O la touchante humilité, qui voyage avec une galerie de portraits de famille, enrichie de pierres précieuses! O la dévote pèlerine, avec ses jolis petits reliquaires! O la prudente famille, qui abandonne tout son espoir sur un misérable bateau de pêcheur, pour venir du milieu de la Manche chercher le golfe de Gascogne! Tu sais, ma chère Bazilette, mêler un peu de vérité dans tes propos, pour

leur en donner la couleur, et tu dois t'y connaître.
Y en a-t-il la plus légère apparence dans ce récit?

— Je ne sais, mon prince ; mais ses yeux sont tellement d'accords avec ses discours ; ce qui sort de sa bouche a tant de naïveté, tant de grâces ; le son de sa voix a une si agréable mélodie, qu'en l'écoutant, on est comme enchanté. Il faut être tiré du cercle de cette illusion pour trouver ce qu'on a entendu invraisemblable.

— Nous pensions, dit Lionel, avoir sauvé des flots une très-jolie créature humaine ; et, si je n'avais pas vu ses petits pieds faits au tour, je croirais avoir attiré une sirène dans mon palais. Elle me tourne la tête : elle m'occupe, à ne pas me laisser de repos. Mais j'en jure par Merlin, cette enchanteresse ne m'échappera pas. Elle n'a pas fait cette histoire pour être crue ; elle se couvre d'un voile dont elle veut bien qu'on aperçoive la faiblesse ; notre opinion sur elle va s'égarer ; l'imagination s'enflammera, et l'enthousiasme va lui créer une magnifique existence. Le beau plan, ma Bazilette, pour surprendre et soumettre un cœur comme le mien ! Elle me pique à mon propre jeu. Je n'aurai point trouvé de femme qui ne m'ait dit plus qu'elle ne savait, et les flots en ont jeté une sur mon rivage plus muette que les poissons. Elle me tira même... Avant de sortir d'ici, elle recevra de moi une leçon de maître. Retourne vers elle : comble-la discrètement de soins. Si elle paraît assez reposée pour me recevoir, tu me feras avertir. Mais, non. Si je la vois, je serai tenté de lui faire l'aveu de ma passion. Je me laisserais emporter, et m'engagerais trop avant. Agissons prudemment. Sóis mon interprète. Fais valoir, avec mes avantages naturels, ma solidité dans mes goûts, ma sensibilité aux bontés dont on m'honore ; ce qu'elle peut se promettre enfin d'un homme passionné, puissant et magnifique. Quand ta parole m'engage trop, j'ai, tu le sais, la ressource de la désavouer. Fais, Bazilette, fais qu'elle puisse me sourire en me voyant ; pense aux fossettes de ses joues, et imagine les grâces de ce sourire enchanteur ; il doit faire oublier le plus beau lever du soleil. Mais je t'arrête trop longtemps ; revole vers la dame actuelle de mes pensées ; tâche de l'occuper de moi plus encore que je ne vais l'être d'elle. »

Bazilette est au chevet du lit de Primrose, et seule ; car elle en a renvoyé Suzanne sur un prétexte. L'aimable convalescente ne dort point. L'adroite confidente imagine un prétexte de faire l'éloge des qualités du cœur du héros dont elle est l'agent et l'interprète. La satisfaction qu'il éprouve en voyant sa charmante hôtesse est un canevas assez naturel pour cette brillante broderie. On ne parle ni de sa jeunesse, ni de l'éclat de son rang, ni des avantages de la figure. Il ne faut pas perdre du temps à rappeler ce qui s'annonce de soi-même. Mais on ne tarit point sur sa bonté, sur sa sensibilité, sur les excès où le porte sa reconnaissance.

Sibille écoute avec attention, et même avec une sorte de complaisance, et prend enfin la parole.

« Mon expérience, mademoiselle, suffirait pour me convaincre de la vérité du portrait du prince Lionel, que votre zèle même ne saurait avoir embelli. Jetée par la tempête, mon désastre et ma situation désespérée ont été mes seuls titres à des bontés dont on ne saurait évaluer le prix. Les offres les plus obligeantes viennent d'achever d'y mettre le comble. La sensibilité m'impose d'en user avec discrétion. Voici la seule épreuve à laquelle je compte mettre la générosité du prince. Mon devoir m'appelle à Compostelle. J'ai besoin de trouver un passage, à l'abri de l'autorité, pour me rendre le plus promptement possible au lieu de ma destination.

— Échappée à peine au naufrage, à peine rétablie, languissante, dit Bazilette, vouloir affronter de nouveau les dangers de la mer! ne voyez-vous pas que le ciel a condamné l'indiscrétion et la témérité de votre vœu? Ah! mettez vos belles mains dans les miennes. Je vais vous aider à en faire un bien propre à vous dédommager du ridicule et des inconvénients attachés à la suite de celui qu'un illuminé vous a surpris.

— Et quel pourrait être ce vœu? reprit Sibille.

— Celui, répond Bazilette, d'aimer avec passion un prince puissant qui vivrait pour vous seule.

— Mon état, répond Sibille, ne me permet pas d'aspirer à une conquête aussi brillante...

— Qu'appelez-vous votre état, madame? Vous nous le laissez ignorer. Mais je me rappelle, moi, un transport héroïque de mon prince, lorsqu'il vous

tenait entre ses bras, sanglante, décolorée. Quand ce cher homme tremblait pour votre vie. « Quoi! di-
» sait-il, nous ne sauverons pas ce chef-d'œuvre des
» cieux, cet ange égaré sur la terre, étouffé dans les
» flots! Qui peut-elle être? quel barbare l'a exposée
» à la furie des éléments? Ah! si on l'a fait descen-
» dre d'un trône, je l'y replacerai. Qu'elle ouvre ses
» beaux yeux! qu'elle recouvre le précieux usage de
» tous ses sens, pour voir à ses genoux, dans un es-
» clave, décidé à l'être toute sa vie, un vengeur dé-
» terminé à sacrifier pour elle sa fortune et son exis-
» tence! »

— Voilà, mademoiselle, des sentiments trop passionnés et des desseins trop nobles; une pauvre pèlerine errante, comme je le suis, ne saurait en être l'objet. Je n'ai point à rougir de ma naissance; mais la Providence m'a placée dans un rang bien inférieur à celui où m'ont élevée les conjectures du prince Lionel; et même, en leur supposant une sorte de réalité, il me serait impossible d'entrer dans aucune de ses vues. Ma main et mon cœur sont engagés. Je suis femme, mademoiselle; si, comme tout m'engage à le croire, mon état lui inspire une véritable compassion, c'est de cette seule vertu de son cœur dont je réclame ici l'énergie. Comme l'objet de mon vœu est de rappeler à la vie ce que j'ai de plus cher au monde, je désire de pouvoir remplir avec promptitude ce projet religieux : j'en implore les moyens. Le comble des bontés auxquelles il me soit permis d'aspirer est une place sur un bâtiment. Je suis d'ailleurs en état de me pourvoir de ce qui peut manquer à mon petit équipage.

— Quoi! dit l'adroite confidente, penser à partir dans l'état de faiblesse où vous êtes! Sortir d'ici, dénuée de tout! et le noble et le généreux Lionel le souffrirait! Il couvrirait de saphirs d'Orient votre camail et votre capeline; et, plutôt que vous manquassiez d'un superbe chapelet, il irait faire une descente en Écosse pour enlever le rosaire à la madone de Karickfergus. Qui sait (mais il y faudrait un peu d'adresse) si vous ne le conduiriez pas en pèlerinage avec vous? O le beau couple que vous feriez! Dans le fait, madame, nous vous aurions beaucoup d'obligation si vous rendiez notre maître un peu dévot : c'est la seule chose qui lui manque; faites-en un petit saint, et il sera parfait. »

Si l'on a pris une idée de la passionnée, mais vertueuse Sibille; si l'on a pu démêler combien elle est fière et décidée, on peut imaginer quel fut son dépit, au développement des vues de Lionel sur elle. Après la dernière proposition de Bazilette, il ne lui était plus permis de prendre le change.

Lui échappera-t-il une marque de mécontentement? elle est trop maîtresse d'elle-même, trop prudente. Un trait de hauteur? un souvenir qui l'humilie à ses propres yeux vient de les lui faire baisser sur-le-champ.

Sans les portraits trouvés dans sa poche et les brillants dont ils sont environnés, on ne l'élèverait pas dans le discours au rang des princesses, en la traitant dans le fait comme une vile aventurière ; puisqu'en la supposant mariée, on osait.....

« Rends-toi justice, se dit-elle intérieurement. Pourquoi tous ces portraits? Tu ne voulais que celui de Conant! il était avec les autres ; il fallait tout enlever, ou faire un outrage de plus à la nature. Exposée maintenant par la singularité de ton équipage, souffre sans murmurer les conséquences des idées bizarres qu'il a dû faire naître. Vois de sang-froid ta situation ; et, en te défiant des ruses, tâche d'échapper ici à la puissance sans la blesser. Ce prince est rempli d'humanité : ton existence en est la preuve. Il est noble; et, si tu pouvais t'avouer à lui, il rentrerait sur-le-champ dans l'ordre des égards qui te sont dus ; mais il faut le forcer à des ménagements pour une pèlerine inconnue, dénuée d'assistance et de conseil; il faut le porter à la protéger, obtenir enfin de la générosité, de l'élévation de l'âme, qu'une femme sans défense soit dérobée aux désirs que ses faibles attraits ont fait naître, par celui-là même qui comptait s'y abandonner. Ciel ! ô ciel ! quel embarras ! quelle position !... Tu vas pleurer, retiens tes larmes, cache tes inquiétudes ; tu en as dévoré bien d'autres dans le secret. Fusses-tu échappée à Raimbert, si tu n'eusses su cacher que tu préférais la mort au malheur de lui donner la main? Tu employas la feinte pour te conserver à Conant ; pour ne lui être point ici ignominieusement ravie, emploie tant de ménagements, de discrétion, de retenue, que, sans effaroucher le vice intéressé dont tu te vois environnée, tu puisses réveiller dans une âme bien née le goût des sacrifices qu'exigerait la vertu. »

Primrose se faisait ces reproches, cette exhortation, cette semonce, rapidement et à l'abri d'un bon oreiller. Tout habile qu'est Bazilette, elle prend le change, et explique une rougeur subite, suivie d'un long silence, à l'avantage du succès de la négociation dont elle s'était chargée. Elle sort sur un prétexte, et va rendre compte à Lionel selon ce qu'elle a pu imaginer.

« Votre belle se prétend mariée, amoureuse, fidèle. Cependant je me suis hasardée à lui proposer un petit pèlerinage avec vous, en termes honnêtes, mais intelligibles. Elle a rougi, baissé les yeux, et ne m'a montré ni dents ni griffes. Comme elle me semblait capituler avec elle-même, je n'ai pas cru devoir l'engager plus loin. Il faut laisser quelque chose à faire au mérite.

— Tu te surpasses, ma bonne Bazilette; tu excelles : courons, volons vers ta nouvelle pupille. Je vais lui pardonner tous ses petits torts. »

Primrose est surprise de l'air satisfait dont Lionel l'aborde; on débute par un compliment sur la convalescence; on paraît comblé de l'espérance de la voir suivie par le retour de la santé la plus brillante; puis on veut chercher le bras pour s'assurer si le pouls est parfaitement réglé. Tout en appliquant des baisers sur le drap dont la main est couverte, les protestations d'amour, de dévouement, suivent sans intervalle. Gloire, puissance, richesses, on offre tout, on fera tout partager, ou sacrifiera tout.

Lionel eût été plus loin, quand Sibille, élevant un peu la tête, à l'aide de son oreiller, prend froidement la parole :

« Vous m'avez sauvé la vie, prince : je vous la dois : mon honneur m'étant beaucoup plus précieux, ne saurait être le prix de ce service. Continuez d'être mon généreux bienfaiteur, et recueillez sans remords le prix de la vertu : c'est la satisfaction intérieure et l'admiration des autres. Soyez en tout le modèle de vos sujets. Une passion telle que la vôtre s'annonce mettrait le comble à mon malheur en faisant le vôtre, mon devoir me défendant d'y répondre, et m'étant plus aisé de renoncer à la vie qu'à mes principes. »

Le sens, le ton et l'air dont cette courte harangue est prononcée ont pétrifié Lionel. Il tire à l'écart sa confidente. « As-tu ouï cette femme avec ses grands principes ? A-t-on jamais débité avec cette solennité, cette emphase, une tirade aussi froide, aussi sèche ? T'a-t-elle fait rêver, comme elle me fait extravaguer, lorsque tu m'es venue dire qu'elle s'arrangeait avec elle-même pour se rendre ? Mais examinons de sang-froid cette étonnante créature ; qu'est-ce que cet assemblage de fleurs et d'épines, de beauté, de froideur, d'extravagance, de raison, de grâces et de pédantisme ?

» Elle est née en Bretagne : rien n'est moins équivoque. L'aspect d'un péril très-imminent peut seul l'avoir déterminée à s'échapper sur une barque. De quel genre était ce péril, s'il n'était pas la suite d'une ou de plusieurs aventures? Les petites images trouvées sur elle nous en représentent les héros. Je l'ai arrachée des portes de la mort. On lui a rendu des soins capables d'en toucher bien d'autres. Tu lui as fait les offres les plus généreuses; moi-même j'ai enchéri, et nous n'avons rien obtenu; pas même la plus petite marque de confiance, pas un seul mot de vérité! Aurait-elle deviné mon caractère, et voulu l'irriter par des oppositions, au point de me faire donner dans les excès d'une passion dont il me fût impossible de me rendre le maître? Me donner de véritables chaînes, à moi, Lionel!.... Ne nous déconcertons point, Bazilette; va braver les glaces de son accueil. Je crois m'y connaître; tout, chez elle, est composé. Ne la préviens que par ton empressement à la servir. Si elle a un but, elle te parlera la première, tu ne le pénétreras qu'en feignant de le seconder. Il m'est venu une idée; je la crois lumineuse : nous pouvons être joués par une maîtresse de l'art. Mais, si jeune, être déjà à ce point de perfection! cela serait bien extraordinaire; examine de ton côté; du mien, je pèserai tout, et nous nous reverrons. »

Bazilette, un ouvrage à la main, est dans un coin de la chambre de la pèlerine prétendue : elle observe les mouvements pour pouvoir prévenir les besoins.

Primrose feint un assoupissement, examine en

dessous sa gardienne, et s'en défie : mais à qui se fiera-t-elle? Déterminée à ne point se laisser vaincre, il est un point d'importance sur lequel elle voudrait surmonter : c'est qu'on la laissât partir sur un bâtiment; c'est qu'elle pût sortir du palais pour aller elle-même à la recherche d'une occasion favorable de s'embarquer.

Doit-elle trouver des oppositions insurmontables à l'exécution de ses projets? Cet amour, dont on lui a parlé, a-t-il pu dénaturer entièrement un être généreux, et le rendre déraisonnable, injuste, violent, tyrannique? Jusqu'à ce jour, ses charmes lui ont assujetti tant d'esclaves aveuglément dévoués à ses volontés, dont le bonheur de la servir était le salaire! Elle ordonnait souverainement alors : elle se propose de s'abaisser à la prière; pourra-t-on lui être inexorable? Cela lui semblerait contre nature.

Mais on ne peut la deviner; il faut qu'elle s'explique. Elle sera toujours moins gênée avec la gouvernante; et il ne lui restera plus qu'à se débattre honnêtement avec le prince. A la suite de ces réflexions, soit naturellement, soit à dessein, elle éternue fortement.

« Que le ciel vous bénisse, madame! dit Bazilette, accourant un mouchoir à la main. Voilà, enfin, un signe du plus parfait rétablissement. Mon pauvre cher prince en sera comblé. » Puis elle levait les épaules, jetait les yeux au ciel, et soupirait.

« De quoi le plaignez-vous, mademoiselle?

— Vous le savez assez, madame; n'en parlons

plus. A présent, hélas! il ne s'agit plus de sa satisfaction; c'est de la vôtre dont il est occupé. Il s'y sacrifiera; je le connais. Mais croiriez-vous que ce beau jeune homme pleure comme un enfant?

— Je l'aurais cru, répond Primrose, au-dessus d'une semblable faiblesse, et le plains de tout mon cœur. Je ne puis disconvenir qu'il ne soit intéressant, même attachant, et je le sens, au moment où je me vois, en quelque manière, contrainte à suivre un plan désobligeant pour lui. C'est ce sentiment même qui me porte à désirer plus vivement qu'en secondant mes vues il se délivre d'un objet contraire à son repos. Lui en doit-il coûter beaucoup pour se vaincre? Je lui aurai proposé un acte héroïque de plus, digne de sa belle âme. Engagez-le, mademoiselle, à travailler, dès aujourd'hui, pour assurer son repos et le mien, en me procurant les moyens de suivre mon pèlerinage.

— Quelle fée vous êtes! s'écria Bazilette. Vous prêchez pour qu'on vous laisse aller, comme ferait une autre afin qu'on la suivît; et, pour entendre de ces paroles-là, on la suivrait au bout du monde : c'est comme un enchantement; et mon prince vous refuserait quelque chose, madame ! Il ne serait donc pas le plus sensible, le plus complaisant, comme il est le plus reconnaissant, le plus aimable, le plus doué de tous les hommes. Il en pourra mourir, madame : je le connais; je le vois amoureux pour la première fois de sa vie, et redoute pour lui l'effet d'une passion, bien fondée sans doute, mais aussi violente qu'elle est malheureuse. Cependant, quoi qu'il doive lui en coûter, il ne se ménagera point : il vous servira de tout son zèle. Ah! s'il pouvait se métamorphoser en dauphin! il vous porterait lui-même à l'odieux rivage que vous préférez à celui-ci, où véritablement vous êtes souveraine, et se trouverait payé d'un regard de vos beaux yeux, d'un geste caressant de cette main ; mais, au moins, avant de le quitter, vous lui direz votre nom.

— Il l'apprendra de moi, reprend Primrose, quand j'aurai satisfait au vœu qui m'oblige, quand mes devoirs seront remplis. »

Bazilette vient rendre compte de sa nouvelle conversation ; voyant la chose à sa manière, elle en était comme triomphante. Lionel l'interrompait de temps en temps. « Une fée! tu disais bien : c'en est une. Sur ses vieux jours, elle sera sorcière.

— Finissez donc, mon prince : je vous ai fait tout de pâte de sucre, et vous êtes méchant comme un tigre. Écoutez-moi jusqu'à la fin ; » et elle continue.

Lorsqu'il est question de la métamorphose en dauphin : « Quel charmant tableau! s'écriait le prince. Je me vois à la nage : comme je m'étudierais à bien lisser mon écaille! Mais, je t'en avertis, je gagnerais la pleine mer avec mon fardeau, et ne m'arrêterais qu'au terme du pèlerinage. Va, ma chère bonne, joue tout ton jeu avec elle. Elle m'aura trouvé présomptueux. Prends-en la faute sur toi. J'arriverai aussi timide qu'un enfant, mais malin comme celui que je veux faire triompher. Elle veut être vénérée : il faut se prêter à cette fantaisie. Si je sais manquer de respect, je sais comment on le prodigue. Je vais donner le mot à ma cour. Comme la pèlerine doit être connaisseuse, elle verra des gens qui ne sont point mal en scène; l'intérêt de sa santé veut qu'elle se lève. On viendra lui faire cercle. Je me mêlerai dans la foule. Il faudra qu'elle me violente pour m'en tirer. Tu lui as fait faire un déshabillé modeste. Prends cela sur ton compte, afin qu'il ne soit pas refusé. Quand elle voudra manger à table, engage-la à m'y honorer d'un couvert. Je m'y conduirai d'une manière à ne point t'attirer de reproches. Nous pourrons après la décider à faire l'ornement de la mienne. Je ne m'y négligerai point; j'emploierai tout pour la prévenir et lui plaire. Si je n'obtiens rien d'elle, pas même son imposant secret, j'ai sur ma table d'échecs deux pièces à jouer toutes prêtes. J'oppose une petite barbarie à beaucoup de rigueur, une noirceur innocente à une dissimulation hypocrite, et je la fais échec et mat. »

Voyons rapidement Primrose sortir de son lit, recevoir des mains de la complaisante Bazilette un déshabillé, dont les avances doivent être remboursées. Imaginons Lionel, figurant d'un air modeste au milieu du cercle choisi, dont la belle convalescente est entourée; une musique agréable, disposée dans une antichambre voisine, supplée au défaut d'une conversation animée : dans les endroits les plus tendres, Lionel semble s'en attribuer l'expression, en laissant échapper, comme furtivement, du côté de sa charmante hôtesse, des regards enflammés et timides. Voilà les tableaux des premiers jours.

Bientôt la belle convalescente sa laisse inspirer la complaisance de permettre au prince de partager le repas préparé pour elle seule. Bientôt deux courtisans sont admis à ce petit couvert servi par les femmes. Plus Lionel est respectueux, plus il inspire de confiance; Primrose, gagnée par le concert de cet extérieur séduisant, se laisse engager à faire les honneurs de la table du palais, et y représente avec autant d'aisance et de dignité que l'eût pu faire la princesse de Galles.

Une conduite aussi soutenue, dans une passe aussi difficile pour une aventurière, de quelque espèce qu'elle fût, aurait ouvert les yeux à un homme susceptible de revenir d'une prévention. Quant à Lionel, ce qui aurait dû l'éclairer ne servait qu'à l'aveugler.

« Tu le vois, disait-il à Bazilette, depuis je ne sais combien de jours, je fais le soupirant et l'écolier, et n'en suis pas mieux. Elle reçoit comme une reine, du haut de sa grandeur (sans jamais sortir de son ton noble et sérieux), les hommages et les respects que je fais ramper autour d'elle. Le naturel infini de cette comédie me charmerait, si elle n'était pas trop longue, si je n'y jouais un mauvais rôle, si je n'aspirais pas avec tant d'ardeur au dénoûment; mais tu ne la quittes pas. Que fait-elle lorsqu'elle est seule dans son appartement?

— De longues prières, mon prince, avec une dévotion qui vous en inspirerait. Elle se promène souvent seule sur la terrasse qui est de niveau à son appartement. Là, je ne saurais la suivre, et je suppose qu'elle y prend l'air, et cherche à rétablir ses forces par l'exercice.

— Elle ne parle jamais de moi?

— Elle vous entend louer avec beaucoup de complaisance; vous donne infiniment d'éloges et encore plus de bénédictions.

— Faites-lui venir l'idée d'une promenade en calèche dans mes jardins, je serai son cocher.

— J'essaierai de la lui proposer; mais vous avez un moyen sûr de la déterminer à bien des complaisances, de la mener même à la pêche : c'est de l'assurer fortement vous-même que, ne pouvant vous promettre de trouver sitôt une occasion sûre de la conduire où elle veut aller, vous faites armer un bâtiment de force qui puisse la mettre à l'abri du danger des corsaires et des forbans, dont la côte, de temps en temps, se trouve infestée. Ces paroles-là feront un grand effet sur elle, et ne vous coûteront pas plus à dire que tant d'autres auxquelles vous ne croyez pas. »

Lionel suit ponctuellement les avis de sa confidente. Primrose monte dans la calèche, et ses amusements se varient; elle se prête bien plus qu'elle ne se livre, ne montre ni humeur, ni impatience, ni crainte. Si Lionel saisit une occasion de lui parler, si le sujet en est indifférent, elle répond avec une liberté mesurée; si c'est un éloge, elle cherche modestement à s'en défendre. S'il échappe une étincelle de ce feu dont le prince se dit consumé, elle est éteinte par la réserve, la froideur et le silence. Une conduite aussi prudente, aussi réservée, de la part d'une étrangère, eût suffi pour donner d'elle une haute opinion à tout autre qu'au prince de Galles; tout tournait chez lui au profit de sa passion et de son entêtement. Il sortait de ces tête-à-tête plus furieux d'amour, et toujours plus aveuglé.

« C'est, disait-il à Bazilette, un petit monstre d'orgueil qui veut me voir ramper à ses pieds; c'est une pelote de neige parée de la ressemblance d'un ange et environnée du brillant de l'arc-en-ciel; elle ne me glace pas : elle me candit. C'est un être sûr de ses avantages, habitué à rendre ce qui l'environne dupe de son calcul. Je triompherai de ses ruses. As-tu fait parler à Bannistock, le chef de ces bateleurs qui font des équilibres de chevaux, et jouent des farces à Cardigam?

— Il vous est dévoué, dit Bazilette; mais vous ferez les frais de la décoration et des habillements.

— Je vais être un peu méchant, ma bonne; mais on m'y force. Je ne veux pas avoir été publiquement le jouet d'une aventurière, d'une jongleuse du haut vol; car celle-ci ne saurait être princesse dans un autre sens. J'ai joué pour elle, et peut-être trop naturellement, je l'avoue, l'attentif, l'empressé, le magnifique, l'amoureux jusqu'à l'imbécillité. En attendant que je mette sur la scène de nouveaux personnages, le seul rôle à essayer est celui du désespoir ; c'en est fait, je m'y livre, je vais tomber malade de langueur. Si l'on se montre insensible, tu me le pardonneras, ma bonne ; je deviens, mais sur-le-champ, impitoyable. »

O perle des beautés de l'Armorique, aimable Primrose ! vous ne soupçonniez pas les complots formés contre vous. Rassurée par la promesse d'un bâtiment armé pour vous conduire, vous vous étiez déjà précautionnée d'étoffes pour former le petit équipage nécessaire à votre travestissement. Quelle raison empêche d'y mettre les ciseaux ? Ici je reconnais votre prudence.

Si l'offre d'un bâtiment était un jeu, si l'on pensait à vous retenir malgré vous, vous auriez de nouveau besoin d'une échelle. Ce que vous venez de faire mesurer pourrait, au besoin, vous en servir.

Déjà, par une suite de caractère, partout où vous avez été conduite, vous n'avez pas fait un pas sans observer. On vous croyait occupée des positions des bâtiments, des embellissements dont vous faisiez l'éloge, quand vous étudiiez très-sérieusement les moyens de parvenir à l'escalier dérobé. D'après vos aperçus, vous avez déjà formé trois plans de retraite. Je vous félicite de ne vous être point oubliée, car les piéges vous entourent de toutes parts, et le principal ressort reparaît sur la scène, un grand mouchoir à la main. C'est Bazilette larmoyante ; elle se jette sur un siége. « Ah, mon pauvre prince !

— Que lui est-il arrivé? répond Primrose d'un véritable ton d'intérêt et de crainte.

— Partez, madame, partez, avant que nous ayons le malheur de le perdre. On vous imputerait sa mort, et vos charmes ne vous garantiraient pas des effets de la douleur de tout un peuple qui vous imputerait d'avoir assassiné un héros charmant, leur idole. »

Primrose éprouve un trouble véritable. « Est-il en danger de la vie?

— Il y est, madame : depuis quelques jours la langueur le mine; il ne se plaignait pas : il est si bon! mais il vient de tomber en faiblesse; et, au moment où je vous parle, les secours de la médecine sont autour de lui. On en fait passer la triste nouvelle à Cardigam. Tout va être en rumeur. »

Sibille était au lit : elle se lève à la hâte, jette une robe sur elle, s'appuie sur le bras de Bazilette, et se fait conduire à l'appartement de Lionel.

La belle y était attendue. Des palettes d'un sang bien brûlé sont sur un guéridon : des fioles de remèdes, des élixirs de toute espèce couvrent une table. Lionel, tout décoloré, est étendu sur son lit : deux gens de l'art sont au chevet. Les courtisans, les yeux baissés et en silence, sont à l'entrée de la chambre, et les gens de service en sortent d'un air consterné.

Le cœur de la sensible étrangère ne tient point à ce spectacle : il éprouve une émotion dont les yeux portent le témoignage. Comme elle s'approchait :

« Ne le faites point trop parler, madame, dit d'un ton bas et triste un des deux Esculapes. Cependant, elle, se penchant assez près de l'oreille, prend la main du prétendu mourant, la lui serre avec affection : « Prince, me reconnaissez-vous ?

— Oui, répond Lionel d'une voix faible et entrecoupée ; je vois mon idole adorée, ma chère et cruelle ennemie.

— Moi, votre ennemie ?

— Si vous ne l'êtes pas, donnez-m'en la preuve par un faible trait de confiance. Que je puisse emporter au tombeau le nom de celle dont les rigueurs m'y font descendre !

— Ah, prince ! de quelles rigueurs véritables avez-vous à vous plaindre ? Que me demandez-vous ? Respectez mon honneur et mes devoirs ; et, d'ailleurs, commandez : vous ne pouvez trouver en moi que dévouement. Je ne balance point de l'avouer à à la face du ciel et de la terre, un intérêt vertueux, mais bien tendre, m'attache à vous. Que Lionel vive ! oui, je le répète, qu'il vive, et la sensible..... (son nom fut près de lui échapper) ne se contentera pas de faire au ciel les vœux les plus ardents pour lui ; mais elle rendra grâces chaque jour de ce bienfait, comme lui étant personnel, à celui qui tient dans ses mains nos destinées : et, lorsque la religion du serment cessera de lui imposer silence, non-seulement elle fera connaître les bienfaits dont elle a été comblée, les bontés, les grâces dont elle a été l'objet ; mais elle se fera un honneur de rendre publiquement justice aux dons du ciel et de la nature, aux qualités héroïques qu'elle a remarquées, admirées, chéries dans son généreux protecteur, le prince de Galles. »

Cette tirade, débitée d'un ton de vérité et d'enthousiasme, fit quelque effet sur les acteurs de la scène tragique, représentée par Lionel. Tous baissaient les yeux, après s'être entr'observés. Lionel, toujours entier dans son sentiment, étouffe d'orgueil et de dépit; mais il sait voiler à l'extérieur la secrète passion qui le maîtrise.

« Vous ne voulez pas, madame, dit-il d'une voix faible, que le malheureux Lionel meure. Vos volontés sont des lois. Il s'abandonne à tous les soins propres à le rappeler à la vie : puisse la nature s'y prêter, et vous être aussi soumise que son cœur! »

Ces dernières paroles, articulées d'un ton faible, annonçaient le terme de la visite. L'inquiète Sibille retourne dans son appartement.

Le désordre de son âme paraît dans le mouvement de ses yeux, dans le caractère entier de sa physionomie. L'adroite intrigante, attachée à ses pas, va essayer de le mettre à profit.

Bientôt des larmes abondantes et feintes de cette dangereuse femme en feront couler des yeux de la sensible Primrose. « Ah! je me doutais bien, madame, lui dit la fausse affligée, que vous aviez un cœur. Non, non, vous ne laisserez pas mourir notre aimable maître ; vous n'aurez pas cette barbarie.

— Et qu'y puis-je, Bazilette, si le vif et tendre

intérêt que j'y prends ne l'engage pas à conserver ses jours?

— Mais rien n'est plus aisé, madame; c'est que vous ne marquez pas assez ce touchant intérêt. Quand il s'agit de sauver la vie, il faut y mettre un peu moins de réserve : en lui disant : Lionel, vivez; que ne lui passiez-vous au cou ces deux bras! qu'aviez-vous à redouter, dans l'état de faiblesse où il est? Vous avez manqué une belle occasion de nous le rendre à tous; mais cela pourra se réparer. Rien n'est encore désespéré, madame; et je suis sûre qu'il vivra, si vous me permettez de lui aller dire que vous voulez vivre pour lui.

— Arrêtez, mademoiselle, c'est à moi à ménager mes expressions. Dites-lui qu'au besoin j'exposerais ma vie pour sauver la sienne : et c'est beaucoup; car je ne m'appartiens point, et je mettrais quelqu'un de moitié de mon sacrifice. Ne dissimulez point au prince Lionel qu'après des devoirs dont rien ne peut me faire perdre le souvenir, je me ferai un honneur, une gloire de le chérir plus qu'aucun homme qui soit sur la terre. J'y mets la condition d'être bientôt délivrée, par un dernier effet de sa bienfaisance, du malheur de nous tourmenter inutilement tous les deux, en entretenant, par ma présence ici, une passion qui peut entraîner sa perte et la mienne. »

Bazilette a passé d'un appartement à l'autre; il y aurait dans son rapport de quoi désarmer l'inflexibilité même; tout échoue contre un orgueil excessif et piqué, contre l'entêtement poussé à l'excès.

« Dans ce que vous venez de me dire, ma bonne, je ne trouve que des paroles. On se refuse aux plus petits effets. J'ai appris depuis longtemps à me jouer de l'honneur et de la vertu, pris dans le sens où cette fine beauté les emploie. On ne perd point le droit d'aspirer à la possession de ces titres sublimes en cédant à Lionel, et c'est déjà un grand triomphe de lui avoir aussi longtemps résisté. Je suis bien indigné de tout ce jeu-ci. Ma Bazilette, à mesure que je descends, on s'élève jusqu'à moi ; on finit par prétendre à l'empire. Je dois ordonner les apprêts d'un départ..... Que ce projet est bien éloigné de mes vues ! Mais je dois paraître occupé de remplir celles de mon tyran. Je ne prends que huit jours de terme, tu peux le dire ; nous préparons des événements dont la suite pourra faire prendre une autre tournure aux idées. En attendant, je m'ennuie comme un mort dans ce lit, entouré de tout cet attirail funèbre ; mais je dois y attendre une autre visite de mon inhumaine, et ne veux ressusciter qu'à sa voix. »

Passons rapidement sur des situations prévues. Primrose vient voir le malade. Il se laisse engager à faire un effort et à prendre l'air ; il se mettra même à table, sans faire usage des mets dont elle sera chargée. Il s'y montrera de plus en plus silencieux, circonspect, timide même, mais toujours attentif. Quelques jours se sont écoulés dans les langueurs de cette monotonie, lorsque le son bruyant d'un cornet, partant des cours du palais, vient varier la scène. Il est embouché par un nain, et annonce l'arrivée d'un chevalier étranger, précédé par son écuyer : c'est Clarence d'Angleterre, qui bientôt se présente lui-même.

Arrivé à Cardigam, il a appris la grave indisposition de Lionel, et vient lui en témoigner sa sensibilité.

Le prince de Galles paraît surmonter le mal dont on le dit accablé, pour faire les honneurs de son palais à un hôte de son importance ; il le présente à Primrose, dont il crayonne en peu de mots la fâcheuse aventure. Le spirituel et poli Clarence paraît en avoir été prévenu par les bruits publics, et s'applaudit de pouvoir présenter des hommages à une dame, moins connue encore par ses malheurs, que par sa beauté et ses vertus, célébrées dans tout le pays de Galles.

On se mit à table. Primrose y est assise entre le nouveau venu et Lionel ; et, pour suppléer, autant qu'elle le peut, à l'état de faiblesse de son bienfaiteur, elle s'intrigue pour animer la conversation, et fait en quelque sorte les honneurs de la table.

Clarence répond aux attentions en homme qui connaît le monde ; et, soit qu'il parle des pays étrangers, ou de la cour d'Angleterre, tout lui fournit l'occasion de combler d'éloges la charmante étrangère qui fait l'ornement du palais de Saint-David ; les beautés de l'Angleterre, celles de l'Europe sont mises en sacrifice.

A des éloges si forts, si redoublés, la modeste Sibille baisse les yeux, rougit, et laisse tomber une conversation dont la suite pourrait la jeter dans un nouvel embarras.

Le lendemain, les respectueuses attentions de Clarence pour elle ont redoublé; le surlendemain, elles prennent encore plus de caractère, au point que, profitant d'un instant où l'indisposition de Lionel le force à s'écarter, le chevalier anglais fait à la dame une déclaration d'amour en des termes aussi ménagés que positifs.

Elle n'eut pas le temps d'y répondre, affecta même de ne l'avoir pas entendue. Mais elle n'en était pas moins embarrassée; elle entrevoyait une persécution de plus, et les suites plus funestes d'une rivalité sans objet réel.

Elle était occupée de ces réflexions, lorsque le bruit d'un autre cornet fit retentir les cours, et annonça l'arrivée du chevalier Mackenffal, d'Irlande.

On était à table, et le redoutable Irlandais s'y trouva placé en face de l'aimable Primrose. Je dis redoutable: il l'était par la plus épaisse paire de moustaches qui eût jamais ombragé une physionomie irlandaise; un nez énorme et recourbé la surmontait, accompagné de deux yeux hagards, qui semblaient vouloir s'élancer de la tête.

De temps en temps cet affreux regard tombait sur la belle inconnue, comme s'il y eût été porté par la réflexion. Bientôt il la fixe d'un air de connaissance.

Il en fallait bien moins pour alarmer l'inquiète Primrose.

« Ah! malheureuse Sibille, serais-tu, par hasard, connue de cet étranger? Tu ne l'as jamais vu ; mais il peut arriver de France, où le bruit de ta fuite aura été répandu ; peut-être sort-il de la Bretagne. »

La frayeur la saisit ; la rougeur lui monte au visage, et le couvre du plus vif incarnat ; et ce moment de trouble est saisi par toute la compagnie. Mackenffal triomphe du désordre qu'il occasionne, et cherche à l'augmenter, en paraissant sourire avec affectation et à la dérobée à la jeune étrangère, qui détourne la tête pour éviter ses odieux regards, et faisant l'impossible pour dissimuler son embarras et ses craintes.

« Ne vous troublez pas, princesse, dit le barbare Irlandais ; je sais ménager mes connaissances. Vous aviez confié votre destin errant à la mer ; elle vous a déposée ici, où vous me semblez être en assez belle posture ; mais il vous plaît d'y conserver l'incognito : je ne dérangerai pas un plan dirigé sans doute au plus grand bien de vos affaires. Vous n'avez perdu qu'une petite barque : vous vous occupez sans doute ici d'un armement plus avantageux. Dès ce moment j'entre dans vos projets, et vous pouvez compter sur la discrétion de votre dévoué Mackenffal.

— Je ne vous connais pas, » répond Primrose avec une modeste assurance.

Si le commencement du discours de l'Irlandais l'avait jetée en quelque sollicitude, la suite lui avait entièrement prouvé qu'elle et sa véritable histoire lui étaient entièrement inconnues.

« Il faudrait, madame, réplique l'Irlandais, dire : Je ne vous connais plus. Il vous plaît d'oublier quelques bontés que vous eûtes pour moi, quoique la date n'en soit pas prodigieusement éloignée. Vous m'affranchissez par-là de la reconnaissance. Le procédé est noble, digne de vous.

— Moi, des bontés pour vous ! reprend la belle inconnue du ton ferme et élevé de Sibille de Primrose, la lèvre et les yeux armés du dédain le plus méprisant.

— Eh ! non, vous n'en eûtes pas ! s'écrie Mackenffal, et je ne méritai jamais de connaître, encore moins d'approcher de la pathétique, de la sublime Margerie, le miracle de Beaucaire, qui a inspiré tant de dévotion pour les mystères à tous les pèlerins de la dernière foire.

— Seigneur chevalier, dit d'un ton froid Sibille entièrement rendue à elle-même, vous êtes absolument dans l'erreur, et vous pouvez aller renouer ailleurs vos liaisons avec votre Margerie.

— Je n'irai pas plus loin, divinité de nos tréteaux, dit l'Irlandais avec emphase. Mon ton peut nous avoir un peu brouillés ; mais, vous le savez, je brille dans les raccommodements ; et si vous avez fini votre engagement ici, pour le mois de juillet, je vous offre de vous reconduire en triomphe à Beaucaire, en croupe derrière Carfilarz, mon écuyer.

— Vous ferez bien de vous aller montrer seul à la foire. Vous êtes un extravagant.

— Et vous une jongleuse, dans toute la force du terme. Je le maintiens. Voilà mon gant : qui osera le ramasser?

— Ce sera moi, brutal Irlandais, répond Clarence ; reçois le démenti de toutes tes grossières faussetés.

— Prince, poursuivit le chevalier anglais en se tournant vers Lionel, mes affaires pressent mon départ de votre cour ; ouvrez-nous le champ demain matin. Vous venez de voir outrager devant vous la vertu, dans le plus beau de tous les objets qui font l'ornement du sexe, dont nous avons juré de prendre en toute occasion la défense. Soyez aussi empressé, aussi jaloux que je le suis, d'en voir tirer une vengeance éclatante.

—Clarence, répond Mackenffal, en retroussant ses moustaches, vous ne serez pas le premier jeune homme qui se sera perdu pour l'amour des dames de ce haut parage. A demain, à demain. » L'enragé lance un de ses plus terribles regards et se retire.

Clarence vient se jeter aux pieds de Sibille, plongée, par la dernière scène, dans un nouveau genre de saisissement. « Je fais vœu, madame, de répandre jusqu'à la dernière goutte de mon sang pour réparer l'outrage fait à votre vertu. » En disant cela, il saisit un mouchoir, échappé, dans ce moment, des mains de la belle préoccupée. « Que ce gage, s'écrie-t-il, me serve d'écharpe dans le combat, et soit une preuve demain à tout le pays de Galles de l'honneur que vous me faites en m'agréant pour votre chevalier !

— Ah ! madame, dit alors Lionel, mon peu de confiance dans mes forces m'empêche de disputer au valeureux Clarence l'honneur dont il va se couvrir ; jugez de mon désespoir.

— Prince, et vous, chevalier d'Angleterre, répondit Primrose, votre zèle m'oblige infiniment ; mais je ne me tiens point offensée par des discours qui ne s'adressent point à moi. C'est à cette jongleuse Margerie à s'en formaliser.

— Si vous n'étiez pas étrangère et inconnue, madame, reprit Lionel, on se flatterait d'empêcher le combat ; les chevaliers de ma cour sauraient bien, par la force des statuts, obliger Mackenffal à venir à vos genoux reconnaître son erreur. Nommez-nous, madame, celle que nous devons servir de tout notre courage, et....

— N'allez pas plus loin, prince. Je ne suis point cette Margerie, et vous en donne ma parole. Vous devez la recevoir, ou, jusqu'ici, vos intentions, vos égards pour moi m'en auraient imposé. J'ai promis ailleurs, et sous les plus inviolables auspices, de ne point me nommer que mon vœu ne soit accompli.

— Il faudra donc, madame, tenter le sort des armes. Allez, Clarence, allez vous reposer ; mon prévôt vous fera préparer la lice. Je ne saurais être votre juge. Je suis trop prévenu en faveur de la cause dont vous allez soutenir et faire éclater la justice. » A ces mots, le prince, paraissant accablé de faiblesse, se retire, appuyé sur les bras de ses écuyers.

Primrose entre dans son appartement, assez mal remise des différents genres de trouble dont elle venait d'être successivement agitée. Elle s'y livrait depuis quelque temps à ses réflexions, le front appuyé sur la main, lorsque Bazilette vint autour d'elle pour le service, et l'attaqua de conversation.

« Vous rêvez, madame ; vous en avez sujet. C'est une belle, une noble chose qu'un combat. On y joue notre honneur à un sanglant croix ou pile. Béni soit Dieu, qui n'a jamais permis qu'on attaquât le mien ! mais je ne voudrais pas le voir au bout de la lance de Tiran-le-Blanc. Aussi notre prince le dit bien, lui qui sait la chevalerie comme je sais mon pater. C'est votre maudit secret qui fait la cause de tout le mal. Vous êtes la première, à ma connaissance, tombée dans un égarement de ce genre, et vous verrez comment il vous en prendra. En général, nous parlons, nous autres femmes, à tort et à travers. Le silence est ici plus dangereux que toutes nos indiscrétions. On vous demande trois mots ; c'est bien peu de chose : dites le nom de votre pays, de votre famille, le vôtre : de mon oreille, cela passera dans celle du prince, sans faire d'autre cascade ; et nous aurons le plaisir de voir amener à vos pieds cet ours hibernois tout musclé.

— Ne me tourmentez pas pour avoir mon secret, mademoiselle ; forcée par un vœu de le refuser au prince Lionel, malgré ses procédés nobles et généreux, je ne dois le donner à personne.

— En ce cas, madame, vous ferez bien de vous mettre au lit, pour vous tenir prête de bonne heure.

— A quoi, mademoiselle? A quoi?

— A une chose fort désagréable ; à être témoin d'une sanglante boucherie, dont l'incertitude de votre état sera le motif. Le oui ou le non de votre vertu est le résultat. On s'est défié à outrance : cela fait dresser les cheveux. Il faut qu'il reste un des deux champions sur le carreau. Si la lance pète, si le cimeterre se rompt, on vient au poignard. Jugez quelle serait la mortification de ceux qui vous aiment ici, et c'est tout le monde, s'il était prouvé demain matin, par le sort des armes, que vous êtes la Margerie de ce monstre de Mackenffal, s'il devient maître de vous enlever en croupe derrière son maussade écuyer. Tenez, madame, j'en ai la chair de poule, et il pourrait en coûter la vie à votre beau chevalier.

— Fermez mes rideaux, mademoiselle. Je vous suis très-obligée de vos avis et de vos craintes; mais, si je dois attendre des conseils, c'est de mon devoir et de moi. »

Bazilette se retira piquée. Elle avait amené tant d'autres femmes au point où elle avait voulu les conduire; ici elle ne pouvait rien gagner. Un cœur de bronze, disait-elle, une tête de fer; si jamais mon maître et elle pouvaient s'entendre, il en naîtrait une race d'entêtés qui ferait plier l'univers.

Le jour éclairait à peine les murs du palais de Saint-David, et déjà tout y était en mouvement, pour transformer une esplanade, précédemment garnie de ses barrières, en un champ clos en règle. Tentes, pavillons, tout ce qui est nécessaire en ce genre est dressé. Les champions y sont conduits et armés par les parrains qu'ils ont choisis. Les juges sont à la tête du camp.

Un balcon, en partie formé par une terrasse qui touche à l'appartement de Primrose, est arrangé pour recevoir la belle outragée, et Lionel vient lui donner le bras pour la conduire. Le bruit des fanfares guerrières fait retentir tous les environs.

« Venez, madame, lui dit le prince, venez encourager par votre présence le champion qui se dévoue au rétablissement de votre honneur.

— Prince, vous me voyez au désespoir des préparatifs qu'on a faits ici et de la scène qu'ils annoncent. Toutes les lances du monde ne peuvent pas faire que je sois la Margerie si vivement insultée; et, tant que je serai moi-même, mon honneur sera à l'abri d'une insulte du genre de celle dont on prétend poursuivre ici la vengeance.

— Vous êtes inflexible, madame; vous vous mettez au-dessus des lois et des usages. Nous autres princes y sommes soumis. »

En disant cela, il l'entraîne plutôt qu'il ne la conduit vers le balcon préparé pour elle, et fermé de manière à ôter tout espoir à la retraite, et va se perdre dans la foule des spectateurs.

Déjà, à la suite des cérémonies d'usage, Mackenffal a répété à haute voix que la femme assise dans le balcon est la fameuse Margerie, si célèbre par ses talents, si décriée par son inconduite.

Déjà Clarence, en forçant le ton un peu grêle de sa voix, lui en a donné de nouveau le démenti.

Sur les nouveaux défis, les champions partent des barrières opposées, se rencontrent au milieu de la carrière, se heurtent, et Clarence est renversé sans mouvement. Un moment après, la terre est baignée de son sang.

Une clameur générale, une expression de douleur, partant des fenêtres du palais et des différents points de la barrière, s'élèvent et couvrent le bruit des trompettes et des clairons qui célébraient le triomphe de l'Irlandais. Les voix des femmes de Primrose se mêlent aux plaintives acclamations, et répètent à ses oreilles : « Ah! notre pauvre maîtresse! elle est déshonorée sans ressource! »

A la vue d'un homme sacrifié pour elle, Sibille se sent extraordinairement émue; en entendant dire que son honneur est perdu, l'indignation la saisit et la soutient. Elle ne donnera point de marque de faiblesse, mais elle témoigne vivement un désir, c'est qu'on aille au secours de l'infortuné dont le sort des armes a si mal secondé le courage.

« Laissez-moi, dit-elle à Bazilette. Voyez ce malheureux Anglais; voilà le véritable objet de votre compassion et de la mienne. S'il m'est permis de disposer de vous, volez de ma part, et portez-lui des consolations et des secours. »

Bazilette obéit sans répliquer.

Cependant le féroce Mackenffal parcourt d'un air triomphant tout le champ de bataille, et anime les trompettes à célébrer sa victoire par des fanfares. Il venait faire caracoler son coursier sous le balcon de Primrose, et peut-être mettre le comble aux insultes dont il s'était rendu coupable, lorsqu'un chevalier couvert d'armes rembrunies s'avance à l'entrée des barrières, et demande le champ. Les juges le lui font ouvrir. L'écuyer qui le précède, ainsi que le héraut d'armes, sans couleurs et sans livrées, viennent porter son défi à Mackenffal, et le lisent à haute voix. Tout retentit dans le moment de cris de joie et d'acclamations.

« Vive, vive le brave chevalier inconnu, qui se dévoue à soutenir l'honneur des dames! »

Ce bruit inattendu a distrait Primrose de l'attention qu'elle donnait au sort du malheureux Clarence qu'on emportait alors de dessus le champ de bataille. Il était sanglant, et paraissait inanimé. Bazilette revenait au balcon, le mouchoir sur les yeux, et comme essuyant ses larmes.

Le chevalier aux armes brunes, monté sur un coursier vigoureux, qu'il manie avec autant de grâce que d'adresse, vient au bas du balcon, descend de cheval, et, le genou en terre, il prie la dame offensée d'honorer de son consentement une entreprise dont l'espoir de la servir est le noble et glorieux but. Il se relève sur-le-champ, sans attendre de réponse, prend du champ, court au-devant de Mackenffal qui vient résolument à sa rencontre. Le poitrail des coursiers se heurte; les lances volent en éclats, et l'Irlandais mord la poussière. On le voit rouler, en se débattant; il fait, pour se relever, des efforts inutiles. Il demeure tout à coup immobile, et paraît rendre, avec tout son sang, le dernier soupir.

Oh! comme le beau coup de lance du chevalier aux armes brunes fut célébré!

« Vivent, vivent, s'écrie un millier de voix, le brave et généreux inconnu et la belle inconnue qu'il a vengée! Ils sont dignes l'un de l'autre. »

Bazilette, Suzanne, Guaiziek, toutes les femmes attachées à Primrose viennent embrasser ses genoux, baiser ses mains. Le vainqueur a délacé son casque, et on reconnaît le malade, le languissant Lionel, pour auteur de ce beau fait d'armes. Il ne se prévaut point de sa victoire; il est modeste, généreux, et va faire donner des secours au noble adversaire qu'il a renversé; mais le bruit court qu'ils seront inutiles.

Primrose est triomphante aux yeux de la multitude, sans en éprouver aucune espèce de satisfaction. Elle est consternée des suites de la sanglante scène dont on l'a rendue témoin forcé, et dont innocemment elle paraît être la cause. Mackenffal lui a semblé plus extravagant, plus extraordinaire que coupable;

elle donne au trépas de Clarence des regrets plus animés. Les usages, dont son bienfaiteur a pu devenir la victime, en s'exposant pour elle, lui paraissent bien moins galants que barbares.

Convaincue intérieurement qu'on ne l'avait point offensée, elle témoigne cependant beaucoup de reconnaissance à celui qui peut se croire son vengeur. Elle a beaucoup ouï parler de combats de barrières. Le maintien de l'honneur des dames avait été le motif de quelques-uns, et les avait même rendus célèbres. Mais elle n'était pas dans le cas de la belle Geniève ni de tant d'autres. On pouvait, dans le pays de Galles, avoir des idées plus extraordinaires qu'ailleurs; elle crut donc devoir paraître céder à l'opinion, ne pouvant se flatter de la détruire, et se montrer reconnaissante d'un service qu'on avait cru devoir lui rendre au risque de la vie.

Ces considérations la forcent d'assister à une fête importune dont son prétendu triomphe est l'objet; la voilà reine du bal, où Lionel, sans se montrer plus confiant qu'à l'ordinaire, ose paraître bien plus ouvertement amoureux. Il semble que sa passion, en réveillant son courage, lui ait rendu des forces; il se montre aussi adroit à la danse qu'il a été résolu et ferme sur le champ de bataille; la grâce et la justesse animent tous ses mouvements. Bazilette, placée derrière le fauteuil de Primrose, la forçait de l'observer.

« Voyez, lui disait-elle, si ce n'est pas un amour? Il est vainqueur partout; vous seule lui résistez. Qu'y gagnez-vous? Vous contrariez le destin : il vous a faits l'un pour l'autre. »

Sibille détourne l'oreille. Dans ce qu'elle voit, rien ne l'amuse. Les idées noires de la sanglante scène passée sous ses yeux ne sont point dissipées : elle a dansé contre son goût ; les démonstrations de la flamme de Lionel, moins discrètes qu'à l'ordinaire, lui semblent plus inquiétantes. Il est temps de se soustraire par la retraite à des amusements dont sa santé pourrait être altérée. Elle semble céder à ce seul motif, et se retire dans son appartement.

Les jours vont lui paraître plus longs que jamais. Il faut souffrir plus d'assiduités de la part de Lionel. Ce prince, sans parler de son dernier service, ou même souffrir qu'on en parle, en a pris le droit de se montrer amant plus à découvert. La belle, inquiète, se renferme dans son appartement le plus qu'il lui est possible. Là, se promenant seule sur une terrasse d'où l'on découvre la rade de Bride et la mer, elle cherche à démêler à l'horizon s'il ne paraîtra pas quelque pavillon français, quelque bâtiment où elle puisse trouver un passage.

« Ah, Conant! disait-elle, si le bon Gérard et son fils n'étaient pas malheureusement péris ; éclairé par eux sur l'endroit de la côte où j'ai fait naufrage, vous voleriez à ma recherche, à mon secours! Que les esprits de l'air fassent passer ma voix jusqu'à vous, qu'ils vous instruisent du danger où je me trouve! Poursuivie par un amant qui me désespère, et dont je dois à mon tour craindre le désespoir, en danger au moins d'être reconnue, renvoyée en Bretagne et livrée à Raimbert. »

Un jour fixant avec attention ses regards sur les flots, elle y voit flotter un pavillon normand. Le bâtiment qui l'arbore entre dans la rade de Bride, et y laisse tomber l'ancre; une chaloupe s'en détache et vient à force de rames aborder au rivage.

Le cœur de la passionnée Sibille s'émeut à la vue des deux pèlerins qui ont pris terre. Plus elle considère, plus elle examine, plus elle demeure convaincue de ne s'être pas trompée : à la taille avantageuse, à la démarche, elle a reconnu Conant de Bretagne; c'est lui-même.

La joie la ferait éclater si la réflexion ne la retenait. Tous deux étant reconnus, tous deux pourraient être compromis. Lionel s'est jusque-là montré généreux : mais Lionel est devenu rival de Conant, et peut employer, où il est, un pouvoir que rien ne balance.

Un premier mouvement suggère à Sibille d'écrire un billet, de le faire porter par une des femmes employées à la servir; elle rentre dans son appartement, tout occupée de ce projet.

Bazilette et Suzanne se sont absentées. Les enfants, dont la première est gouvernante, sont malades : elle leur fait donner des secours. Guaiziek et sa compagne sont occupées à faire l'appartement.

Primrose, voyant qu'elle n'est point observée, conçoit le projet de gagner le bord de la mer en descendant dans les cours des écuries du palais, par un escalier dérobé qui y conduit. Mais en traversant, elle pourrait être rencontrée sur les bords de la mer, et, dans le chemin, elle sera remarquée. Heureusement Guaiziek a déposé dans une garde-robe une cape dont elle s'enveloppe de la tête aux pieds pour se garantir, quand elle sort, des injures du temps, et même des patins de fer, de l'espèce de ceux dont on fait encore usage aujourd'hui pour s'élever au-dessus de la boue; enfin jusqu'à ses gants.

La possibilité du travestissement en fait sur-le-champ naître et exécuter le projet. Voilà Primrose enveloppée de tous les haillons de campagne de Guaiziek. Elle se précipite dans l'escalier dérobé, arpente à pas démesurés les cours, en imitant la marche hardie et décontenancée de celle dont elle a pris la forme, et gagne en courant une porte qui donne sur la marine. Les pages, les valets qui l'aperçoivent du haut des fenêtres du palais animent les chiens à courir après elle, en leur criant : « Donne sur Guaiziek! donne sur Guaiziek! » Il semble que le vent ait porté notre héroïne vers le rivage. Elle aborde le pèlerin qu'elle a très-distinctement reconnu, le tire par le bras, lui parle à l'oreille. « Vous êtes Conant, ne témoignez ni trouble ni surprise : le plus léger mouvement vous expose. Je suis Sibille : répondez par monosyllabes ; nous n'avons pas un moment à perdre.

» Disposez-vous à volonté de la chaloupe qui vous a conduit?

— Oui.

— Du bâtiment qui est dans la rade?
— Oui.
— Combien avez-vous embarqué d'ancres?
— Quatre.
— Sur combien êtes-vous mouillé?
— Deux.
— Les pouvez-vous sacrifier?
— Oui.
— Votre compagnon est le fils de Gérard?
— Oui.
— Le père a-t-il péri?
— Non.
— Appelez-le fils : embarquons-nous?
— Soit. »

On s'embarque dans le plus grand silence, et l'on y persévère jusqu'à ce qu'on soit arrivé au bâtiment mouillé dans la rade. Le frère de lait regardait tour à tour la cape, les gants et les patins, sans prévoir l'agréable surprise dont il devait jouir bientôt. Mais il pensa pâmer de joie, lorsqu'au coup de sifflet qui fit déployer la voile et couper les câbles qui tenaient aux ancres, il vit tomber la cape qui lui dérobait la vue de sa charmante damoiselle.

« Ah! notre bonne damoiselle! » s'écria-t-il en se jetant à ses pieds...

Passons légèrement sur les transports naïfs du frère de lait : ils sont néanmoins plus aisés à peindre que la joie des deux amants qui viennent d'être réunis. La voile déployée et secondée par un vent favorable, en les portant dans le canal de Bristol, les a déjà mis à l'abri de la frayeur d'être poursuivis, et d'ailleurs ils ont lieu d'être rassurés contre toutes les attaques ordinaires. Ils sont entrés dans la chambre du navire, et ont enfin le loisir d'en venir aux éclaircissements.

Gérard et son fils, flottant sur un débris de la barque, ont été rencontrés et sauvés par un vaisseau normand. La lettre dont ils sont porteurs est mouillée, mais ils peuvent aider à en retrouver le sens. Conant, assuré, sur leur rapport, que si Sibille existe, c'est sur les côtes de la principauté de Galles, part pour Cherbourg, prend à ses gages un bâtiment armé pour faire la course, et s'embarque en habit de pèlerin. Son arrivée ne doit surprendre que par l'à-propos. Quelque divinité, sans doute, s'occupait alors de la fortune des amants loyaux. Elle serait aujourd'hui sans temples comme sans exercice.

Conant s'est expliqué. Primrose a beaucoup plus de peine à se faire entendre sur le fait des aventures qui lui sont arrivées dans le pays de Galles. Il faut avouer qu'elles avaient un caractère plus que romanesque. Conant ne pouvait pas soupçonner son amante de lui en imposer par le récit; mais il devait y avoir eu de l'illusion, de quelque genre que ce fût, dans les faits dont elle lui faisait le rapport. Hors les soins que s'était donnés Bazilette, tout lui semblait hors de la nature et des usages connus.

Tandis que nos amants se récréent par le récit de leurs inquiétudes passées, et en considérant la perspective de leur prochain bonheur, jetons les yeux sur le palais de Saint-David. Ah! quel trouble! quel désordre! On ne court pas, on se précipite vers la plage marine.

On veut armer tous les canots qui sont sur les rivages et dans le port. Lionel, revenu de l'amusement de la pêche, tonne, éclate, foudroie. Ah! qu'il se repent de n'avoir armé qu'en idée le bâtiment qu'il avait promis à Primrose. Comme il s'aventurerait à la poursuite de sa fugitive, de son ingrate, de sa rebelle! Une fausseté de moins, et il lui restait une ressource ; mais il n'en a plus : il a employé tous les ressorts, épuisé toutes les ressources de la séduction, et une femme de cet âge lui a échappé. Croyant tout, elle n'a été la dupe de rien. Il demeure confondu et livré aux désordres des sens, dont il a quelquefois inutilement sollicité la révolte. Il n'en est pas encore au remords, il ne tardera pas à y être conduit.

Sibille de Primrose et Conant de Bretagne, débarqués à Civita-Vecchia, sont allés embrasser les genoux, et recevoir la bénédiction nuptiale des mains du pape. Sibille croit remplir un devoir, en dépêchant un écuyer, et en envoyant au prince de Galles la lettre qui suit :

A mon illustre bienfaiteur,
le noble, le vaillant, le magnanime prince Lionel,
prince de Galles.

« Sibille de Primrose, épouse de Conant de Bre-
» tagne, alors inconnue et comblée, donna sa parole
» de se découvrir, lorsqu'il lui deviendrait possible
» de le faire. Elle la dégage aujourd'hui, prince,
» sans compromettre les intérêts de son époux et les
» siens, et jouit de la satisfaction de s'avouer à vous ;
» si elle parut manquer à la reconnaissance, en cou-
» vrant d'un voile nécessaire un secret important,
» dont elle n'était pas maîtresse de disposer, c'est de
» vos vertus qu'elle en attend le pardon, avec la
» plus ferme assurance de l'obtenir.

» Les bruits publics peuvent vous avoir instruit
» des motifs qui me forçaient à fuir la Bretagne,
» lorsque j'abordai chez vous par un naufrage. Si
» vous en ignorez quelque circonstance, vous pour-
» rez les apprendre de mon écuyer. Il a ordre de
» ne vous rien taire de mes situations passées et
» présentes ; et je prends plaisir à croire que ces
» récits ne se seront pas sans intérêt pour vous.

» Adieu, prince ; persévérez dans les voies no-
» bles où vous a vu marcher cette étrangère, objet
» de vos soins humains et généreux : en désirant
» que vous cessiez de sacrifier aux préjugés barba-
» res, dont l'empire vous fit exposer pour elle des
» jours si précieux, elle demeure encore dans l'é-
» tonnement de cette preuve de votre bonté et

» de votre courage. Vous avez ravi en tous points
» son estime : elle se fera gloire devant toute la
» terre de vous l'avoir accordée. »

Cette lettre fut un coup de foudre pour le prince de Galles, à qui rien, jusque-là, n'était parvenu de l'histoire de Sibille ; elle réveilla en lui des principes d'honneur qu'il pouvait sacrifier à son goût effréné pour le plaisir, mais jamais oublier. Tout devint grand à ses yeux dans la conduite d'une femme sur le compte de laquelle l'orgueil et l'entêtement l'avaient égaré. Et, parmi les embûches tendues, les insultes faites à ce caractère si noble, si fait pour en imposer au sien, il se rappelle, avec indignation contre lui-même, la lâcheté qu'il a eue de se mêler parmi les bateleurs, chargés de la faire tomber en confusion, sans avoir pu y réussir ; et, pour surcroît au tourment qu'il éprouve, le tableau des dons naturels qui servent de relief à un si rare mérite vient se représenter avec tout son éclat à son esprit troublé.

Cent traits plus aigus, plus perçants les uns que les autres, déchirent son cœur. Un véritable amour, mais malheureux, mais désespéré, en naissant, y enfonce, non un trait, mais un poignard. Il succombe, il ne verra point l'écuyer de la divine Primrose, qu'il ne se soit donné le temps de se remettre de son désordre, de sa confusion.

Vous, beau sexe, si, dans cet entr'acte, vous voulez voir un de vos plus dangereux tyrans humilié, profitez de l'occasion ; considérez-le dans les angoisses de la torture. C'est pour votre satisfaction qu'un de vos dévoués l'a mis en sacrifice.

Cependant il pleuvait à Rome des indulgences sur Conant et sur Sibille. Cette hasardeuse beauté en obtiendra-t-elle un peu de la part de ceux qui liront son histoire ? Elle a un côté bien faible. L'amour, qui fut son maître, peut faire excuser bien des fautes, mais jamais celles qui vont directement contre les droits sacrés de la nature.

FIN DE L'HONNEUR PERDU ET RECOUVRÉ.

LA BELLE PAR ACCIDENT.

CONTE DE FÉE.

Un roi d'Astracan mourut, laissant pour héritier un prince en bas âge, sous l'autorité de sa mère. Cette reine avait pour son fils toute la tendresse imaginable, ne le perdait jamais de vue, le faisait même coucher à côté de son lit.

Étant sujette à des insomnies, elle avait rassemblé autour d'elle beaucoup d'endormeuses de pro-profession, très-habiles à provoquer le sommeil par de légères frictions sur toutes les parties connues à disposer l'esprit à l'assoupissement, en l'amusant par des contes de toute espèce, et surtout par des contes de fée.

Le petit prince, tapi dans sa couchette, prit tant de goût pour ces histoires pleines de merveilleux, qu'il se faisait raconter de jour tout ce que le repos, pris pendant la nuit, l'avait mis dans le cas d'en perdre. Incessamment il ne donnait plus de relâche aux endormeuses : il en fallait faire chercher sur tous les marchés de l'Asie, qui pussent arriver avec un nouveau répertoire. Il en perdait le boire et le manger.

La reine, se défiant d'un goût aussi décidé pour les fables de cette espèce, voyant qu'il avait besoin de toute autre instruction, voulut en vain réprimer une passion pétrie, pour ainsi dire, avec le sang, ou au moins cesser de la nourrir, en éloignant les endormeuses de la cour.

Les jeunes courtisans les eurent bientôt remplacées. Le gouverneur lui-même devint conteur, pour ne pas compromettre son crédit ; et, tout concourant à entretenir ce jeune prince dans ses fausses idées, la nature devint à ses yeux un enchantement.

Une souris qu'il voyait trotter était la bonne petite souris : un perroquet, même un pivert, l'oiseau bleu : un serpent, selon la couleur, ou le serpentin vert, ou la fée Manto : une vieille rabougrie, ou un derviche bien crasseux, Urgande la déconnue, ou l'enchanteur Pandragon. Enfin, la première fois qu'il put être frappé par la saillie d'un jet d'eau, placé dans un de ses jardins pour en faire l'ornement, il voulut persuader à son gouverneur qu'ils avaient trouvé l'eau qui danse.

Les premières méprises avaient amusé la reine ; la persévérance l'alarma sérieusement : elles semblaient prendre le caractère de l'entêtement le plus décidé, et on eut bientôt lieu de s'apercevoir que le mal serait sans remède.

La reine voulait établir son fils. De concert avec le conseil d'état, elle avait arrangé pour lui le mariage le plus avantageux. Il devait épouser Bellasire, fille unique et seule héritière du roi de Candahar. Cette jeune princesse réunissait les dons de l'âme, de l'esprit et du cœur aux avantages de la beauté. Les deux familles étaient unies par les liens du sang : les deux empires se touchaient ; la nature, la politique et l'amour semblaient présider à cette alliance. Quelle fut la surprise de la reine, lorsque son fils refusa opiniâtrément la main de sa charmante cousine? Il était, disait-il, rempli d'amitié pour elle ; mais elle avait, à ses yeux, un grand défaut : elle n'était pas fée, et il avait fait vœu de n'épouser qu'une fée.

« Prince, lui dit la reine, je ne révoque point en doute l'existence des fées ; mais je suis convaincue de la fausseté des contes qu'on vous en a faits. Surtout je nie qu'aucun souverain connu sur la terre en ait pu faire entrer une dans son lit. Votre arbre généalogique fait remonter votre origine à l'antiquité la plus reculée, et tous vos aïeux ont épousé des femmes. Renoncez à vos rêveries. Tranquillisez vos peuples sur la succession de leurs maîtres et votre famille. Craignez d'attirer dans le voisinage un puissant ennemi, si vous vous refusez aux avances du roi de Candahar. Vous avez des rivaux bien dangereux. Je vous en préviens. »

Le prince baissa les yeux. La reine l'abandonna à ses réflexions, et ordonna au gouverneur de son fils d'aller décider son élève à accepter la main qui voulait bien se donner à lui.

Le gouverneur crut devoir épuiser tous les lieux communs de la politique ; mais il fut bien vite arrêté. « Je n'ai pas besoin, monsieur, d'augmenter mes états, mais de faire fleurir ceux que je possède. Si la stérilité d'une partie de mes terres en éloigne la population, un coup de baguette remédiera à ces avantages ; il fera jaillir des fontaines au milieu des déserts, et couronnera de superbes forêts ces montagnes arides, dont l'affreux aspect désole aujourd'hui la vue. Des palais enchantés, sans avoir épuisé mes trésors, me suivront partout où je voudrai faire ma résidence. Des murs d'acier défendront au besoin mes frontières ; et quel ennemi osera m'attaquer, quand je pourrai l'environner de monstres et déchaîner contre lui les éléments ?

— Mais, répondait le gouverneur, quand il serait possible que vous épousassiez une fée, ne vous exagérez-vous point trop leur pouvoir ? L'histoire embellit les événements qu'elle rapporte : les contes méritent encore moins de confiance.

— Il n'est pas douteux, monsieur, que les fées ne soient très-puissantes ; que j'en épouserai une, parce que je le veux absolument, et que vous connaissez ma volonté. Je vous ai d'ailleurs raconté mes rêves à ce sujet, et vous les avez jugés très-extraordinaires, très-positifs. En un mot, mon parti est pris : que ma belle cousine prenne le sien. J'attendrai dans ce palais l'apparition de la souveraine qui doit partager mon trône ; mais si l'on me persécute, je sors de mes états pour aller la chercher par toute la terre. Vous m'étonnez d'ailleurs en montrant de l'opposition à mes plans, après y avoir tant applaudi. »

La conscience du gouverneur n'était pas nette. Ce petit reproche lui fit apercevoir que le métier de flatteur avait tôt ou tard ses inconvénients. Honteux de l'inutilité de ses remontrances, il alla rendre compte à la reine des dispositions du prince. Combien se reprocha-t-elle alors l'extravagance de l'éducation qu'elle lui avait laissé prendre! mais le mal était fait.

N'en accusant qu'elle-même, elle conçut un violent chagrin, dont la suite abrégea ses jours. Son fils en fut touché, mais point assez pour renoncer à son entêtement. Bientôt après il prit les rênes de son état, sous le nom de Kalilbadkan.

Le nouveau souverain fit part de son avénement au trône à ses alliés et à ses voisins, et surtout au père de Bellasire. Ses dépêches pour le roi d'Astracan et son aimable fille ne faisaient aucune mention du mariage prémédité. Kalilbad y paraissait tout plein de sa douleur, et elle lui pouvait servir d'excuses ; mais, bien loin de s'occuper de la suite du traité avantageux entamé en son nom, n'appréhendant plus de remontrances, il s'abandonnait plus que jamais à l'idée de son établissement fantastique ; cependant, pour épouser une fée, il fallait la trouver, et cette première difficulté n'était pas facile à surmonter.

De dessein prémédité, il s'égarait à la chasse, et

cela ne le conduisait qu'à de la lassitude et de l'incommodité. Il avait trouvé au fond des cavernes des reptiles dangereux, des animaux féroces ; ces différentes rencontres avaient exercé sa patience, et mis, sans qu'il en eût tiré d'autre profit, ses forces et son courage à l'épreuve.

Enfin, las de battre la campagne et de s'exposer sans succès, ayant ouï dire que les objets de ses désirs étaient friands de parfums, il établit dans un appartement reculé de son palais un autel de fleurs, renouvelé par lui tous les jours, et sur lequel il fit brûler les plus précieux aromates de l'Arabie et des Indes.

La vapeur des drogues mises en sacrifice remplissait seule encore cette espèce de solitude ; la force en ébranlait son cerveau sans le faire jouir du moindre petit succès, lorsqu'une scène qui se passait sous les fenêtres de son laboratoire magique, venant ranimer ses espérances, lui parut mériter la plus sérieuse attention.

Les croisées de l'appartement donnaient sur une rue détournée. Vis-à-vis d'elles, deux vieilles, couvertes de haillons, s'étaient retirées sous un toit avancé pour trouver un abri pendant la pluie ; assises là, sur deux grosses pierres, elles y écossaient leurs fèves. Elles reconnaissent leur souverain à travers les vitres, et remarquent l'attention très-réfléchie dont il les honore.

Elles étaient, comme tout le reste du peuple, imbues de sa manie :

« Tiens, dit Cancrélade à Mophétuse (c'était le nom des écosseuses), vois comme le roi nous regarde? S'il allait nous prendre pour des fées, cela serait plaisant. Seconde-moi bien, nous allons faire un haillbrénik qui lui mettra l'esprit en campagne pour plus d'un jour.

» Plie les deux derniers doigts de ta main gauche sous ton pouce.

» Élève les deux autres, et pose-les sur ta bouche.

» Ferme les yeux.

» Présente, vis-à-vis des miens, à la distance où tu es, la paume de ta main droite renversée : n'importe en quel sens.

» Au signe que je ferai en élevant un doigt, tu te lèveras en pied, les mains pendantes.

» Quand je me lèverai, tu t'accroupiras.

» Tu me tendras les deux mains jointes ; je les lierai avec un jonc tiré de notre panier.

» Tu souffleras trois fois sur le lien ; je le laisserai tomber.

» Tu jetteras au milieu de la rue trois poignées de cossats, à ta droite, à ta gauche et en avant de toi, et moi trois poignées de fèves.

» Tu retourneras à droite, à gauche : j'en ferai autant de mon côté.

» Nous nous embrasserons, et nous partirons, en emportant notre panier chacune d'une main.

» Il faut opérer vivement, aisément, sans jeter un seul regard du côté de la fenêtre. Si notre maître a la complaisance de nous regarder faire, qui peut savoir ce que nous en tirerons par la suite ? »

Les deux vieilles exécutent leurs scènes en créatures qui ne sont pas novices dans l'art de faire tourner le sas. Kalilbad y prête une attention si soutenue, qu'il est prêt à en perdre la respiration.

Les burlesques opérantes étaient disparues depuis longtemps; et lui, absorbé dans ses réflexions, dans ses conjectures, il demeurait encore les yeux fixés sur l'endroit où il les avait vues.

« Heureux Kalil, se disait-il, enfin les fées ont daigné se montrer à toi! Ne sois dupe ni de la laideur, ni du délabrement de leurs habits. Tout ce qu'elles ont fait devant toi sous cette vile écorce enveloppe de profonds mystères. Que ne les as-tu fait suivre? Mais sans doute elles se fussent évanouies, et tu aurais pu trahir ton secret et le leur. Mérite leur entière confiance par ta discrétion, par ta réserve. Elles se laisseront, sans doute, apercevoir de nouveau. Elles ont fait des signes : étudie-les ; ils doivent renfermer des instructions sur la conduite qui t'est imposée, et présenter un tableau des espérances flatteuses dont on permet à ta passion de se nourrir.

» Rêvons un peu.... Deux doigts sur la bouche semblent recommander la discrétion.....

» Une main en avant, de la précaution, de la retenue..... un lien formé d'une branche de roseau sec est un lien léger. Si on souffle trois fois dessus, il se rompt..... Ceci apprête beaucoup à penser.....

» Quand l'une s'élevait, l'autre s'abaissait. Il faut

savoir céder tour à tour ; cela s'explique assez naturellement.... Mais que veulent dire ces cossats, ces fèves jetées à droite et à gauche?... Attendez, je crois le tenir.... Abandonnez-moi vos ennemis ; je vous livre les miens, ne les ménageons pas... Oh! il se pourrait que l'emblème fût un peu plus noble! Nous l'examinerons à loisir.

» Tourner à droite, tourner à gauche, revenir, s'embrasser?.... Je crois que j'y suis... Une fée a ses affaires : j'aurai les miennes ; chacun va de son côté. On n'est pas toujours sur les épaules l'un de l'autre : ensuite on se retrouve avec plaisir, et cependant on porte à deux mains le panier à deux anses ; image d'une société parfaite, dont on partage également le fardeau..... Si j'ai bien saisi tous les signes, je crois avoir le mot de l'énigme. »

Kalilbad rêvait ainsi depuis trois jours, en s'impatientant de ne rien voir arriver de nouveau, quand les vieilles reparurent sur la scène encore plus déguenillées.

L'une d'elles (c'était Cancrélade) s'appuyait sur un bâton fourchu : l'autre lui faisait résonner aux oreilles des castagnettes : elles s'assirent sur les mêmes pierres.

Cancrélade fiche en terre son bâton, la fourche en bas. Mophétuse veut l'en arracher. Cancrélade tire un sifflet de sa poche, en fait retentir trois fois le son aigu, et le bâton reste à sa place. Cette farce burlesque se répète trois fois : elle eût été suivie de quelque autre cérémonie bohémienne ; car les dames étaient de cette caste honorable, quand la patience échappe à Kalilbad. On l'a fait assez rêver : les mystères le désespèrent ; il faut que l'aventure s'éclaircisse et se dénoue.

Il sort précipitamment du cabinet des parfums, et ordonne à un page de lui aller chercher les vieilles à l'endroit qu'il lui désigne. Le page obéit : lui, cependant, prodigue les aromates et met en ordre les fleurs dont il a paré son autel.

Le page a fait sa commission. Les femmes l'ont suivi sans hésiter, et sont introduites dans le cabinet mystérieux dont la porte se ferme sur elles.

« Je sais qui vous êtes, mesdames, dit Kalilbad, profondément incliné. Ce déguisement recherché ne peut vous rendre méconnaissables. Pourquoi vous obstiner à cacher vos célestes beautés, votre jeunesse éternelle, sous l'odieuse apparence de la décrépitude et de la difformité ? Voyez l'autel paré chaque jour pour vous y rendre hommage, pour vous y offrir, avec un cœur entièrement dévoué, la puissance et les trésors qu'il plut à la fortune de faire tomber entre mes mains ; et, si mes vœux ne sont point téméraires, s'ils n'ont rien d'offensant pour vous, au lieu de m'indiquer obscurément vos volontés par des signes, faites connaître à l'heureux Kalilbad à quel prix vous mettez votre alliance et la faveur signalée qu'il attend de vous. »

Cancrélade prit la parole : « Sire, votre cabinet est fort joli et sent très-bon. Vos vues sont honnêtes et nous sont très-agréables. Nous voudrions pouvoir nous montrer à vous sur-le-champ, telles que nous sommes, et il n'y aurait rien à perdre ni pour vous ni pour nous : mais nous ne pouvons nous communiquer aux hommes d'une certaine condition qu'avec des précautions extraordinaires. Avant qu'ils puissent parvenir à jouir des perfections dont nous sommes l'assemblage, il faut qu'ils aient su surmonter les sujets de dégoût dont il a plu au destin de voiler, pour eux, notre apparence. En un mot, sire, imaginez une rose que vous ne pouvez flairer sans péril de la vie, à moins d'en avoir arraché une à une toutes les épines qui la défendent. Prenez garde à ce que je vous dis. Jusqu'ici nous n'avons indisposé que la vue, le moins délicat de tous les sens ; que serait-ce si les autres étaient entièrement révoltés ? Et cependant vous serez encore trop heureux que nous ne vous abordions pas en serpent-sonnette, en crocodile, en dragon, en hydre. Rendez-en grâces à votre zèle, à vos bontés, à la faveur du sort ; mais préparez-vous à surmonter tous les dégoûts imaginables, si vous voulez parvenir à des jouissances dont un humain ne saurait être rassasié.

— Ah ! madame ! s'écrie Kalilbad, enchanté d'un propos si parfaitement conforme aux idées dont il s'était laissé remplir la tête, je perce à travers ce nuage dont il vous a plu de vous envelopper à mes yeux : j'entrevois les admirables beautés de votre corps, seules comparables à celles de l'esprit qui dicta le discours que je viens d'entendre et où brille tant de sagesse. Ne craignez rien de la révolte de mes sens contre la force de ma persuasion : elle saura les assujettir.

— Il faut l'avouer, prince, répond Cancrélade ; si nous nous écartons des hommes, leur défaut de courage, de persévérance, en est la cause. Ils sont arrêtés par le moindre dégoût, par le plus léger obstacle ; et, tant ils sont bizarres, quelquefois le défaut d'obstacle leur fait abandonner une belle entreprise qu'ils avaient formée. Vos sentiments, vos dispositions méritent de notre part plus de confiance. Je ne vous cacherai pas cependant que nous risquons beaucoup en vous admettant à l'épreuve. Si vos résolutions manquaient en chemin, vos espérances s'évanouiraient pour toujours ; vous vous seriez exposé à un châtiment sévère, et nous à la risée de Ginnistan. Convaincues de nous être témérairement livrées, il nous serait expressément défendu d'approcher désormais des hommes, et vous savez ce que c'est qu'une défense pour une personne de notre sexe. Mais, sire, nous voulons en courir les risques : notre étoile, peut-être notre inclination, nous forcent à donner dans l'aventure. Dans trois jours, à l'entrée de la nuit, le page qui est venu nous chercher nous trouvera toutes deux à la porte de votre palais qui donne sur la rue où nous nous sommes laissées apercevoir. Préparez le lit nuptial dans ce cabinet où nous sommes. Nous dédaignons toute espèce de somptuosité. Votre autel paré de fleurs nouvelles, vos parfums, voilà les dons de vous qui nous ont été agréables ; vous pouvez les redoubler sans en craindre la profusion; nous sommes nées dans les odeurs. Pratiquez dans la porte de votre cabinet, absolument vers le bas, un trou plus gros qu'une aveline tout au plus ; chacune de nous y présentera successivement le petit doigt. Examinez bien ; et votre choix étant fait, la main et le cœur suivront le doigt que vous aurez préféré. Vous tiendrez l'anneau nuptial tout prêt. Un petit coffre d'ébène contiendra les cadeaux, les galanteries que vous destinez à votre épouse, et la couronne. Il faut qu'elle soit petite, toute de diamants ; nous n'en pouvons pas porter d'autres. Mettez cela sur l'oreiller. Ne conservez de lumière qu'autant de temps qu'il en sera besoin pour vous déterminer sur le choix ; en vous décidant, soufflez, soufflez trois fois pour ne pas manquer votre coup ; car les enchanteurs sont bien malins et bien jaloux : si vous ne nous receviez pas dans la plus exacte obscurité, vous pourriez courir de grands risques. »

Le roi d'Astracan donne dans tout ce qu'on lui propose. Les Bohémiennes se retirent. Le page demeure à l'entrée du cabinet, s'étonne du ton respectueux dont son souverain leur parle, et les reconduit à la porte du palais par laquelle il les avait introduites en fermant les yeux, pliant les épaules et se bouchant le nez.

« Tu lui en as bien dit, dit Mophétuse à Cancrélade, quand elles crurent pouvoir parler sans être entendues.

— Oh, camarade ! il gobait tout, et je n'en pouvais pas trop dire pour me mettre dans le cas de pouvoir accrocher le petit coffre d'ébène; mais nous avons bien des précautions à prendre. Ce qui me rassure, c'est que le roi n'a pas le nez si fin que son page; d'ailleurs, il se farcit de tant d'odeurs, qu'il n'est pas impossible de lui en imposer. Mais comme, au dire de notre quartier, nous ne flairons pas comme baume, il faudra renchérir sur l'art. Nos habits sont de moitié de l'infection dont on se plaint; nous entrerons dans le cabinet, baignées, savonées et nues, à la réserve de la chemise qui sera nette et parfumée, car j'y emploie un boisseau de genièvre.

— Et où est cette chemise ? dit Mophétuse. A toi et à moi, nous n'en avons que deux, encore sont-elles déchirées.

— Tais-toi, dit Cancrélade; tu es pauvre d'invention. De deux vieilles chemises on en fait une neuve : c'est là le plus petit de nos embarras. Mais où est le doigt qui osera se montrer par le trou ? Est-ce le tien, qui est galeux et écaillé comme le reste du bras ? Vois le mien ; j'en eus toujours soin, parce qu'il me sert à pincer de la guitare. Nous rognerons l'ongle : nous l'amincirons ; un peu de blanc, un peu de rouge, en feront un petit doigt fait pour tenter un empereur. Quand Kalilbad aura vu ce charmant petit bijou, il ne demandera pas à en voir un autre. Au pis-aller, d'un coup de langue on y fait un petit changement, et on montre toujours le même. D'ailleurs ne sois pas jalouse de ma fortune : elle peut avoir des risques ; mais si je puis mettre la main sur le petit coffre, il est à nous deux, et je te fais partager la couronne. »

Mophétuse abandonna le premier rôle à sa camarade, en rendant hommage à la supériorité du talent, et toutes deux travaillèrent de concert aux préparatifs.

Trois jours se sont bien lentement écoulés pour l'impatient roi d'Astracan. Ils lui avaient duré trois années. L'heure tant désirée arrive ; il a redoublé de fleurs et d'aromates. La nuit a étendu ses voiles les plus sombres, et le page vient l'avertir que les femmes qu'il a mandées, sans doute pour lui dire la bonne aventure, sont arrivées.

« Pour me la dire, Yanqua ! s'écria-t-il, tu te trompes, c'est pour me la donner. Conduis-les à cette porte-ci, et retire-toi sans regarder. Ta fortune, ta vie répondent de ton obéissance. »

Le page exécute sans répliquer l'ordre qu'il vient de recevoir.

Les vieilles sont à la porte, et frappent trois petits coups pour avertir de leur présence.

Kalilbad répond par trois petits coups également distants et modérés.

« Êtes-vous là, sire ? dit une voix lente et adoucie.

— Oui, j'y suis, belles fées, répond Kalilbad d'un ton ému et qui témoigne son ravissement.

— Regardez bien, prince, lui dit la voix du dehors, car le petit doigt va passer. Allons, passe....

passe.... passe, petit doigt. » Et le petit doigt, en trois temps, s'est introduit dans l'ouverture.

Le roi d'Astracan se précipite, ventre à terre, pour considérer ce qui vient de se faire jour à travers le petit trou pratiqué dans la porte. Il admire la merveille blanche, couleur de rose au bout, si bien peinte, si bien vernie, qu'on l'eût prise pour de la porcelaine animée. Dans son transport, son ravissement, il voudrait couvrir de baisers, dévorer ce petit chef-d'œuvre ; mais, dans l'endroit où il est placé, il ne peut y toucher que du nez.

« Êtes-vous content ? dit tendrement la voix du dehors.

— Enchanté, reprend celle du dedans....

— Eh bien, sire, si vous voulez être heureux ; tuez.... tuez.... tuez sur-le-champ le lumignon.

— Meurs.... meurs.... meurs, lumignon, » cria Kalilbad en soufflant sa bougie ; curieux, en faisant preuve d'obéissance, de prouver dès la première conversation qu'il était en état de parler le langage des fées.

« Ouvrez la porte, Kalil, dit affectueusement la voix.

» Drogadan chasse :
Prenez sa place
Avant qu'il passe. »

Kalilbad ouvre la porte, se saisit d'une femme en chemise, qu'il trouve sous sa main ; et la vieille transportée comme eût pu l'être un esprit, tant elle parut légère, acheva de rimer en l'air.

L'excès de la préoccupation peut tenir lieu d'un prestige, la grande jeunesse se prêter à des illusions de plus d'un genre; mais il faut bien qu'il vienne un moment de calme. Kalil se fut bientôt mis dans le cas de pouvoir faire des réflexions; et, malgré lui, elles sont très-désagréables. A quelle main pouvait être attaché ce doigt charmant dont la vue lui occasionna de si doux transports? Il en saisit une qui s'égarait sur l'oreiller pour prendre le coffre.

« Que faites-vous là?

— Je m'occupais, répond une voix troublée, de savoir si nos conditions étaient remplies.

— Voilà, disait Kalil entre ses dents, une occupation qui me déplaît presque autant que tout le reste. » (Observez que la vieille commençait à craindre le dénoûment, il se répandait une odeur que celle du genièvre ne pouvait pas vaincre.) « O ciel! quelle abominable infection! s'écria-t-il, il est impossible d'y tenir. Les fées se seraient-elles moquées de moi, ou serais-je dupe de moi-même et de ces vieilles créatures? Voyons. »

Il s'élance du lit. Il avait donné parole de recevoir la dame dans l'obscurité, et il avait en effet tenu parole; mais, par précaution pour lui-même, et sans prétendre à éclairer ses plaisirs, il avait caché une lampe à trois mèches sous un grand vase de la Chine. Il a soulevé le vase, il voit le plus odieux spectacle de la nature. C'est la vieille, immobile, presque pâmée, et le petit bout du doigt verni est au bout de ce bras décharné qui voulait enlever le coffre. L'infection redoublant de plus en plus autour de cet être effrayant et presque inanimé :

« Abominable monstre! s'écrie-t-il, tu n'es pas une fée : tu es une palefrenière du Daggial? »

Il court à la croisée du cabinet, l'ouvre avec précipitation, enlève la vieille comme il eût fait une plume, et la jette par la fenêtre. Elle eut à peine le temps et la force de jeter deux cris.

Débarrassé de cet objet dégoûtant, il sort de son cabinet que l'odeur et l'idée de son aventure lui rendaient insupportable, et va essayer de prendre du repos sur une ottomane dans une pièce voisine. Heureusement il avait si peu dormi les nuits précédentes, il s'était donné de si étranges mouvements pour des préparatifs dont il n'avait voulu confier le soin à personne, que la lassitude, l'emportant sur le dépit, le plongea sur-le-champ dans le plus profond sommeil.

La vieille méritait sa mauvaise aventure. Elle devait être tombée de la hauteur de trente pieds sur un terrain fort dur; mais il semble que la fortune se plaise à raccrocher en l'air les sujets de cette espèce pour les empêcher de se rompre le cou. Elle n'était qu'à seize pieds du sol sur lequel elle devait être fracassée, quand une branche d'arbre l'arrête par sa chemise. La voilà suspendue, et dans un tel équilibre, qu'on eût pu croire qu'elle nageait en l'air. Il faisait un vent impétueux dont tout l'arbre était ébranlé; et le squelette plaintif, obéissant aux fougues de l'air, figurait alors le plus effrayant épouvantail en action qu'on eût pu placer pour la défense d'un jardin.

Le désordre apparent de la nature a souvent un genre d'utilité qu'il ne nous est pas possible d'apercevoir. Ce vent impétueux, qui faisait voltiger la vieille, amenait en grande hâte, du fond de la Perse, vers Astracan, deux fées qui venaient de dérober le fils unique d'un prince de Géorgie et d'Imirette, au glaive des assassins, sous lequel son père et le reste de sa famille avaient malheureusement succombé. Le jeune enfant était parti sans avoir déjeuné, et les dames n'avaient pas même une boîte à bonbons.

Chéridiane, la plus considérable des deux, dit à sa sœur : « Arrêtons-nous dans cette contrée. Il y a dans le verger qui tient au palais du roi d'Astracan un poirier qui porte d'excellents fruits. Ils doivent être mûrs et rafraîchiront notre enfant. » Elle dit : à son ordre le nuage s'abaisse et vient raser les murs de l'enclos.

De jour et de nuit, les yeux des fées voient de fort loin et sans lunettes.

« Qu'aperçois-je? dit Chéridiane. Je vois un spectre qui rôde autour du poirier. Est-ce pour le détruire? Est-ce pour le dépouiller? Mais il ne rôde pas, il va, il vient, il ne s'élève ni ne s'abaisse. Il y a ici de l'extraordinaire. Arrêtons-nous et consultons notre livre. »

Les dames se mettent à l'étude, et apprennent toute l'aventure du roi d'Astracan. Depuis longtemps elles avaient ouï parler de sa manie, et elle leur faisait compassion.

« Faisons, disent-elles, d'une pierre deux ou trois bons coups. Ce prince, sans son travers, serait assez disposé à faire le bonheur de son peuple ; donnons-lui une leçon, et apprenons-lui à ne pas donner tête baissée dans tous les contes qu'on lui fait. Pour se marier à une de nous qui ne saurait que faire de lui, il refuse la main d'une charmante princesse dont il est aimé. Faisons d'abord ce mariage ; et nous mettrons ensuite entre les mains de ce nouveau couple bien assorti notre petit prince de Géorgie, et par là nous lui procurerons de bons guides et un appui. En attendant, nous nous amuserons un peu aux dépens du roi, et surtout de la vieille. Nous serons obligées de faire un voyage de Candahar ; mais c'est peu de chose. »

Le parti pris, les dames se mettent à l'œuvre, et s'en occupent toute la nuit.

Au lever du jour, le soleil ayant dardé ses rayons en plein sur les yeux de Kalilbadkan, ils l'ont réveillé. Les dégoûts de la scène mortifiante de la vieille se retracent à son souvenir, irritent son esprit, lui font soulever le cœur ; mais il se rappelle qu'il l'a terminée par un meurtre ; il ne doute pas que la vieille ne soit en mille pièces ; et, s'il ne peut échapper au remords de cette action indigne de lui, il doit au moins en effacer les traces : elles pourraient instruire le public d'une aventure dont le dénoûment le couvre de confusion.

Il s'approche en tremblant de la croisée par laquelle il a si brusquement fait voler la vieille, et la cherche des yeux dans le jardin. Qu'on juge de son étonnement, lorsqu'au lieu d'un cadavre, il aperçoit un superbe pavillon de velours blanc suspendu aux branches du poirier; une aigrette en plumes d'autruche surmonte le couronnement de ce pavillon; des glands d'or formés de brillantes cartisanes pendent à toutes les attaches, et ce métal en broderie relevée éclate même sur le dehors de ce somptueux enchantement.

Il se précipite dans le jardin; et, derrière les rideaux qui surpassaient en richesse et en élégance toute la magnificence extérieure, il voit une beauté endormie dont les attraits sont à comparer à ce qu'il a pu voir jusqu'alors de plus parfait. Un mouvement rapide, involontaire, le précipite aux pieds de ce prodige. Il se rappelle alors ce que la vieille lui avait dit et répété pour le mettre en garde contre le rapport infidèle de tous ses sens.

« Ah! infortuné Kalil! s'écrie-t-il, on voulait faire ton bonheur, tu n'en étais pas digne. Tu n'as pas su vaincre un moment de dégoût. S'il était affreux, il était passager. Elle laissait dans ton lit le reste de sa dépouille mortelle pour se régénérer déesse; et dans ta fureur, dans ta folie, tu as jeté par les fenêtres le plus beau chef-d'œuvre des cieux, dont la jouissance t'était réservée. Ouvrez les yeux, belle offensée, disait-il en s'adressant à la dormeuse: voyez les pleurs, le désespoir d'un prince malheureux, prêt à répandre tout son sang en expiation de l'injure dont vous avez à vous plaindre. »

A ces cris de Kalilbad, les jardiniers accourent de toutes les parties du jardin où leurs travaux les avaient appelés. Ils ne conçoivent pas à quel propos et comment, leur souverain a pu faire dresser dans l'espace d'une nuit un aussi superbe pavillon ; quelles raisons il peut avoir de former des plaintes aussi amères ; quelle est, et d'où peut venir cette belle dame à qui elles sont adressées.

Mais de toutes les confusions, il n'y en a point de semblable à celle de Cancrélade; car c'était elle-même que les fées avaient environnée de tout ce faste et couverte du plus brillant vernis qui fut jamais sorti des trésors de la beauté et des sources de la fontaine de Jouvence.

La vieille regardait avec surprise ses mains, les promenait sur sa gorge, y trouvait des boucles de cheveux d'un blond cendré, dont l'éclat le disputait à celui des perles. Tout en faisant cette revue, elle aperçoit à sa ceinture un miroir entouré de saphirs. Elle y jette les yeux, et voit une beauté ravissante.

Dans un premier mouvement, elle le retourne pour chercher l'objet merveilleux représenté dans la glace. Un moment après, elle y voit cette même figure, obéissant à tous les mouvements qu'elle-même cherche à faire des yeux et de la bouche. Devenue, par l'excès de sa surprise, aussi stupide que belle, elle n'est encore en état de profiter de rien de ce que lui dit Kalilbad, qui s'épuise à ses pieds en protestations et en excuses.

Le palais du souverain s'est rempli de la foule de ses sujets, déjà imbus de la merveille du jour. Le page a conté à qui a voulu l'entendre l'histoire des deux vieilles, dont l'une s'est introduite dans le palais, dégoûtante à faire mal au cœur, et s'est réveillée plus belle que l'amour dans un pavillon de soie et d'or.

Mophétuse avait rôdé toute la nuit dans les environs du palais, non sans inquiétude d'en voir chasser avant le jour sa camarade, et se tenant toujours prête à gagner au pied en cas de quelque mésaventure.

« Oh! oh! disait cette Bohémienne, si le diable a fait cela pour Cancrélade, pourquoi n'en ferait-il pas autant pour moi qui ne vaux ni plus ni moins? Je n'avais jamais pensé à devenir belle dame; il ne faut pas refuser cette fortune. Voyons comme celle-ci aura su user de la sienne, et si elle n'aura pas oublié le coffret pour songer à s'attifer. »

Tout en grommelant ainsi, elle s'approchait du jardin.

Cependant Cancrélade, sans rien comprendre à sa magnifique aventure, commençait à se familiariser avec elle, et se déterminait à en jouir. Elle donne la main à Kalilbad qui, de la manière la plus suppliante, la lui offrait pour la conduire à la salle du festin, d'où elle doit passer à celle du trône. Des grâces qu'elle ne connaissait pas, accompagnaient ses moindres mouvements : presque tout, jusqu'à elle-même, lui était étranger, quand elle démêla Mophétuse qui faisait effort pour percer la foule, en indiquant par des signes connus entre elles qu'elle voulait absolument lui parler. Le page venait de l'apercevoir, et criait :

« Écartez-vous ; faites place ; qu'on se range. Vous en voyez une, et voici l'autre. »

Il se fait sur-le-champ un écart : le respect y fait plus que la violence : dans cette matinée un haillon vermoulu en imposait plus à toute la cour et à la ville d'Astracan que n'aurait fait l'aspect du manteau royal.

Cancrélade, en voyant Mophétuse, s'arrête d'abord par l'effet d'un mouvement naturel. Une réflexion s'y est jointe. Mophétuse avait, sans doute à tort, la réputation d'être sorcière. Jamais sa camarade n'a osé lui en parler, crainte de l'indisposer et de s'attirer de sa part un sort ; mais si c'est elle qui, trouvant par hasard la lune en belle humeur, lui a procuré la fortune dont elle jouit, en ne lui parlant pas, il y a tout à risquer avec elle : en s'expliquant, tout en ira mieux. Mais il faut la voir venir ; dans le cas où on ne lui aurait point d'obligation, on trouvera bien le moyen de s'en défaire.

Tout en faisant ce calcul, la vieille rajeunie quitte la main du roi, prend celle de sa camarade :

« Sire, dit-elle, il faut que je rentre sous le pavillon, pour m'y entretenir seule un moment avec mon amie.

— Votre amie et vous, madame, dit Kalilbad, êtes souveraines chez moi. »

En disant cela, il saisit le bas du haillon qui couvrait Mophétuse, le baise avec respect et s'écarte.

Dès que Cancrélade et Mophétuse furent seules sous le pavillon :

« Mais est-ce bien toi ? Comme te v'là belle ! cria celle-ci.

— Assez, dit l'autre, est-ce que tu ne voulais pas comme ça ? dis donc ?

— Que veux-tu que je te dise ? reprit Mophétuse. Si le diable l'a voulu, il faut bien que je le veuille ; mais comment cela t'est-il arrivé ?

— Quoi ! dit la rusée Cancrélade, tu n'en as donc rien appris, et je pensais qu'on t'eût pu faire au moins une partie de mon histoire ; mais la voici :

« Quand je fus entrée dans la chambre du prince, d'abord il était tout feu, et tout alla bien. Je tâtonnai pour trouver le coffre et m'en aller ; car, par prudence, je ne voulais pas lui faire une longue visite : il me prit la main dessus. Cela lui donna de l'humeur. La peur me prit. Tu sais que quand j'ai peur, je suis sujette à un accident. Le prince s'échappe du lit, va chercher une lumière qu'il avait cachée sous un grand pot, et me voilà dénigrée. Il entre en fureur, me saisit, et me jette par la fenêtre, comme il aurait pu faire un volant : heureusement je tombe dans le jardin sur un gros tas de fumier préparé pour des couches. J'étais nue, le froid était vif, je m'y enterre jusqu'au cou ; j'en mets un bon pied par-dessus ma tête, et j'appelle Balabacra.

— Et qu'est-ce que ce Balabacra? dit Mophéluse.

— C'est, répond Cancrélade, un bon génie que ma mère m'a conseillé d'appeler quand je me trouverais dans l'embarras. J'appelle donc Balabacra : il vient. Que me veux-tu? m'a-t-il dit. J'ai répondu : *Beauté, Jeunesse, Richesse* ; et lui alors : Quoi ! tu ne veux que cela? Parbleu on t'a campée dans le moule où cela se jette ; tu vas les avoir ; mais reste bien close en ton fumier ; je t'y ferai croître, reverdir, fleurir comme un rosier.

» Qu'à ça ne tienne, ai-je répondu, et je me suis blottie dans mon tas. Je m'y enfonçais de toutes mes forces. Balabacra tournait tout autour de moi, en disant son grimoire. Courage ! courage ! me criait-il de temps en temps :

>   Tout ce qui pu
>   Porte salut.

» Et il travaillait, pour me payer de ma complaisance, à ce beau pavillon qui est la moindre de ses galanteries. De temps en temps il venait voir si mon rajeunissement avançait, et il me jetait par-dessus la tête une épellette de fumier de plus.

» On se gâte en couchant avec les princes. Voilà que je viens à rêver à toutes ces fleurs, à tous ces baumes dont j'avais respiré l'odeur pendant la nuit.

Une impatience me prend, je sors brusquement du fumier. Balabacra accourt tout en colère : « Oh! la folle, crie-t-il, qui pouvait revenir à douze ans! va, tu viens de perdre six bonnes années par défaut de courage. Il valait mieux te laisser suffoquer. Allons, tâche de t'en dédommager sur le reste. Les femmes ne savent point endurer le mal. » Alors, il m'a prise par la main, et m'a conduite sur l'ottomane où nous sommes assises. « Dors, dors, mignonne, m'a-t-il dit, en attendant le réveil de ton galant. »

— Quoi! tu n'as plus que vingt ans? dit Mophétuse, et qu'as-tu fait des soixante autres?

— Balabacra, reprit Cancrélade, les a prises pour son compte : il en commerce avec ceux qui veulent se dépêcher de vivre.

— Quelque dupe lui prendrait de cette marchandise-là, dit Mophétuse. Mais tout ce que tu me racontes est merveilleux, et il n'a fallu pour cela qu'un tas de fumier : nous en avons un si beau dans notre cour?

— Hélas! reprend Cancrélade; il fallait qu'on me jetât par les fenêtres pour m'en faire connaître tout le mérite. Dans le fond, ma chère, nous sommes tous ici dupes de notre nez et de nos yeux; sans le fumier il y a longtemps que la terre serait aussi décrépite que je l'étais hier. Tout y en dépose journellement, et voilà le mystère qui renouvelle sans cesse les fleurs, les feuilles et les fruits. Va, va, ma chère Mophétuse, va, si tu m'en crois, t'enterrer dans le nôtre, mais si avant qu'il n'y ait que Balabacra qui puisse t'en tirer.

— Mais, reprit Mophétuse, je ne connais point ton Balabacra.

— Prends un de mes cheveux, dit Cancrélade ; fais-t'en un collier ; ils viennent de lui, et l'attireront infailliblement. Quand l'odeur du fumier te portera trop à la tête ou au cœur, tiens bon ; appelle à voix haute Ba-la-ba-cra. Tu répéteras trois fois, en laissant écouler un intervalle. S'il ne vient point, après avoir attendu un quart d'heure, tu appelleras de nouveau, et jusqu'à trois fois. Alors il ne saurait manquer de venir. Quand il sera venu, il te demandera : que me veux-tu ? Et tu lui répondras comme j'ai fait : *Beauté*, *Jeunesse*, *Richesse ;* à quoi il ne manquera pas de répliquer : *et pour cela qu'est-ce qu'on me laisse?* Alors tu arracheras, mais net, si tu le peux, la rognure de l'ongle du petit doigt de ton pied gauche. Il sera comblé de ce présent, et ton affaire ira de suite ; mais laisse-le te rajeunir à sa fantaisie : pour devenir enfant entre ses mains, il ne faut pas faire l'enfant. Tâche d'en sortir à peu près âgée de treize à quatorze ans. Alors je te prends pour ma nièce, et te marie au grand-kan des Tartares. Mais dépêche-toi : on me couronne aujourd'hui. Demain je veux faire reconnaître à ma cour ma nièce Elmazine. Il ne faut pas donner à ces gens-ci le temps de pénétrer dans nos rubriques. Si nous sommes réconciliées avec le temps, il faut savoir profiter du temps. Allons, ma chère Mophétuse, prends ta course, et va délibérément te plonger dans le fumier par-dessus la tête. Ce qui se trouvera fait de jour ne restera pas à faire pour la nuit. »

La vieille entièrement persuadée s'en retourne sur-le-champ à son taudis.

« Cours, cours, disait Cancrélade, en la suivant des yeux ; je te l'ai donnée bonne. Si je t'avais su aussi ignorante que tu l'es, je t'aurais hardiment méconnue et traitée comme tu le mérites : mais ce qui est fait est fait. Va enterrer avec toi dans le fumier ce que tu sais de mes véritables secrets, et surtout celui de notre ancienne liaison. Ton asthme ne t'y laissera pas vivre un quart d'heure. »

Mophétuse étant partie, Cancrélade, un peu rassurée contre ce qu'elle pouvait appréhender ou de son imprudence, ou de son indiscrétion, ou de sa malice, reparaît à l'entrée du pavillon, présente majestueusement sa main à Kalilbadkan ; et on s'achemine vers la salle du festin.

La musique du roi précédait sa marche ; une nombreuse suite en augmentait la solennité ; une foule de peuple très-curieux, très-difficile à contenir, en interrompait, en troublait de temps en temps l'ordonnance, pendant que cette pompe traversait les cours et les appartements du palais ; on peut donner un peu d'attention à la retraite bien moins embarrassée de la vieille, qui croyait courir à la fontaine de Jouvence.

L'impatience de se voir aux prises avec Balabacra lui donne des ailes. Elle serait bonne à entendre, si quelqu'un avait la patience de la suivre : elle parle tout haut, et ses phrases sont originalement coupées.

« Cette Cancrélade ! C'est pis que le diable pour la malice. Sorcière de mère en fille, vivre avec les gens depuis tant d'années sans rien dire, et puis, tout d'un coup Balabacra !... Si elle eût moins pué, elle serait encore vieille. Voyez le bonheur ! On la jette par la fenêtre ; elle tombe sur le fumier; et voilà Balabacra. Balabacra ! Je ne veux pas oublier ton nom, mon bon petit génie : mais il ne faudra pas me faire peur. Tu me donneras beauté, jeunesse, richesses, et, s'il ne te faut qu'un bout d'ongle, je t'en ferai bonne mesure. D'abord, je ne les rogne jamais ; et si tu prends des années, je t'en donnerai tant que tu en aies assez ; tu t'en déferas comme tu le pourras ; je n'en reprendrais pas une minute. C'est comme le ventre de ma mère.... Allons, Mophétuse, presse-toi : c'est si charmant de se voir jeune et belle! vite, vite, au fumier, et à Balabacra. »

Cependant l'auguste assemblée était parvenue au salon où elle allait se mettre à table. Une estrade, couverte d'un dais magnifique, y attendait Cancrélade et le roi. Ils n'y étaient point encore montés, lorsqu'une visite inattendue, annoncée par les huissiers du palais, force Kalilbad à aller au-devant d'elle.

Trois dames voilées se présentent. Deux d'entre elles, superbement vêtues, en conduisent une troisième par la main. La parure de celle-ci est simple :

elle est vêtue de blanc. Des fleurs, dont elle est couronnée, retombent en festons sur ses épaules et sur sa gorge. Une des dames tient par la main un enfant de six ans, dont le visage découvert est beau comme celui de l'Amour. Les poètes de la cour disent que les Grâces et le dieu de Cythère viennent embellir la fête. Le roi voit la chose dans le plus beau, à sa manière. Cancrélade, sans bien savoir pourquoi, la regarde de travers.

« Mettons-nous vite à table, sire ; je meurs de besoin. Ces dames vous y feront connaître ce qui les attire ici.

— Non, madame, répond Kalilbad. Je manquerais à ce que je vous dois et à vos sœurs les fées, qui viennent sans doute honorer mes noces. Je vais les recevoir, et elles mangeront sous le dais avec nous. »

En disant cela, il s'avance au-devant de ses nouvelles hôtesses, auxquelles il fait un compliment très-embarrassé, mais le plus juste qu'il eût peut-être fait de sa vie.

« Prince, dit la plus apparente des trois. Nous venons assister à une fête qui deviendra bien agréable pour nous, quand elle sera changée d'objet ; et, quand nous aurons pu nous faire connaître, vous nous saurez gré de l'à-propos de notre visite.

— Eh ! qui peut vous en empêcher, mesdames ? N'êtes-vous pas assurées de triompher ici de tous les cœurs à visage découvert ? Est-il une sorte d'hommage auquel vous n'ayez droit de prétendre ici ?

— Nous n'aimons pas, sire, repartit la dame voilée, à jouer un jeu inégal. Avant de nous faire connaître pour ce que nous sommes, s'il est ici quelque personne qui veuille se donner pour ce qu'elle n'est pas, elle fera bien de quitter son masque. C'est le seul parti qu'elle puisse prendre. »

Chacun cherche des yeux le masque indiqué ; personne ne le découvre. La seule Cancrélade paraît être un peu plus au fait, et, sans y réfléchir, fait un mouvemennt comme si elle voulait se retirer.

« Ne vous en allez pas, madame, lui dit la dame voilée qui avait déjà porté la parole : votre présence est trop nécessaire. On ne vous connaît pas ici, où vous vous préparez à jouer le grand rôle. Dites qui vous êtes, sans détour, sans subterfuge ; et si, dans votre aventure, il est quelque circonstance qui soit inintelligible pour vous, on pourra vous l'expliquer ; mais ne balancez pas... »

Dans une occasion délicate, la finesse et même la ruse ne sauraient remplacer la prudence, qui peut seule conseiller les bons partis. Cancrélade était d'ailleurs esclave d'un naturel fortifié par une très-vieille habitude ; la violence et l'impudence réunies formaient son caractère. Il s'échappe avec éclat. Ses regards et son teint s'enflamment, sa bouche se contorsionne ; les belles boucles de sa chevelure se soulèvent, s'agitent, et semblent tout à coup des serpents prêts à siffler sur la tête d'une furie.

« Je ne sais, dit-elle, à la dame voilée, à quel

propos vous parlez de masque ici. On n'y en connaît pas d'autre que vous ; et comme j'y suis maîtresse, je vous commande d'en sortir sur-le-champ, ou je vous ferai mettre dehors.

— Voilà, reprend la dame voilée, pour une souveraine qui n'est pas reconnue, un ton bien impératif, un propos bien aigre, bien dur, bien grossier dans la bouche d'une femme qui paraît aussi jeune et aussi jolie. Asseyez-vous là, reine de trois quarts d'heure ; nous allons voir ce qu'il y a sous le pot aux roses. »

A ce commandement, Cancrélade, comme pétrifiée, s'asseoit malgré elle sur une banquette, et semble obéir à un ressort.

La dame voilée tire une baguette de sa manche, en frappe trois fois la terre en prononçant tout haut :

- Une, deux et trois, qu'on aille, on vienne,
Le plus malin qu'on me l'amène »

A l'instant même, une rosace cramoisi et blanc, faite en point, placée au milieu du tapis de Turquie, dont le parquet du salon était couvert, se détache avec le bruit qu'aurait fait une trappe soulevée avec effort. Un trou qui s'est formé vomit en trois temps un petit nain chassieux, cornu, velu et bancroche : il était nu ; un torchon noir lui servait de ceinture.

« Ah! c'est toi, Roudougou! d'où viens-tu? Réponds : je te l'ordonne.

— Je viens du lac où tout est noir,
Où le matin ressemble au soir.

— Que fait ton maître ?

— Mon maître tousse, bouffe, souffle ;
Il a son soulier en pantoufle.

— Dis, garnement, quel est ton métier ?

— Je fais le mal, jamais le bien ;
Je défais tout et ne fais rien.

— En ce cas, tu seras aujourd'hui mon ouvrier. Déshabille et r'habille cette princesse, pour qu'elle aille coucher autre part qu'ici. »

Roudougou étale son torchon par terre, et se jette à corps perdu sur l'immobile Cancrélade.

« Allons, princesse du poirier,
L'autre t'attend sur le fumier. »

En un moment on eût vu arracher d'une main, mettre en tas de l'autre sur le torchon, les cheveux, les dents, la gorge, pêle-mêle avec les hanches. La peau s'enlevait sous la griffe, comme celle d'un poisson sous le couteau d'un Hollandais, tout d'une pièce, et se roulait sur-le-champ comme si elle eût été frite.

Cancrélade, déshabillée et r'habillée en un clin d'œil, présente un spectacle aussi révoltant à la vue que celui qu'elle avait offert sous le pavillon était ravissant. Alors son immobilité cesse : la volonté qui l'enchaînait n'opérant plus pour la retenir, elle se lève avec précipitation, traverse, en fuyant, les appartements et les cours du palais, poursuivie par les huées et harcelée dans les rues par les chiens, que quelque mauvais génie paraissait avoir déchaînés contre elle. Voilà son cortége jusqu'au tas de fumier où sa digne compagne était presque au moment d'expirer par l'effet de la mauvaise odeur.

A son approche, Mophétuse, trompée par le bruit extraordinaire qu'elle entend, croit que le génie qu'elle appelle vient enfin à son secours. Elle élève la tête au-dessus des ordures dont elle était entourée.

« Arrivez donc, dit-elle, Balabacra! J'étouffe. »

Il faut laisser les deux vieilles s'expliquer sur le fumier; elles ne sont pas là en terre étrangère; des objets plus intéressants que ces tristes et fausses créatures nous rappellent au palais du roi d'Astracan.

Roudougou, chargé de son paquet, est entré par le trou dont on l'avait vu sortir. La rosace se rattache comme d'elle-même au tapis, sans qu'on puisse en apercevoir la couture.

La dame voilée adresse la parole à Kalilbad, étourdi par la scène extraordinaire dont il venait d'être témoin.

« Vous voyez, prince, à quelle abominable créature vous avez pu être lié. Cependant je ne dois point vous laisser ignorer qu'elle n'est pas coupable du dernier prestige dont vous alliez être la dupe. »

Alors elle lui dévoila le secret de cette brillante transformation, opérée pour lui faire mieux sentir l'inconvénient de désirer des prodiges, et en amortir en lui le goût immodéré.

« Il se pouvait, sire, poursuivit-elle, d'après votre manie si généralement connue de ne vouloir épouser qu'une fée, qu'une femme plus instruite et beaucoup plus dépravée que Cancrélade parvînt à vous tendre un piége aussi brillant et beaucoup mieux concerté. Prévenez cette disgrâce; mariez-vous : l'intérêt de vos états et le vôtre l'exigent ; mais cessez d'aspirer à des noces inégales. Je suis fée et viens de vous en donner la preuve. Notre existence n'est pas problématique ; mais comme on a écrit et récité que des mensonges à notre sujet, vous n'avez pas pu prendre une juste idée de notre nature. Si une de nous pouvait se résoudre à vous donner la main, et je vous parle d'un impossible, que feriez-vous d'une épouse qui ne pourrait l'être qu'en apparence, qui n'aurait aucun goût analogue aux vôtres, et dédaignerait les objets les plus attrayants de vos convoitises? D'ailleurs, vous attendriez de sa puissance, et très-inutilement, des effets contraires aux lois qui en ont déterminé l'usage. Un ordre immuable enchaîne tout ici, et acquiert un ressort continuel par les contrariétés apparentes qu'il éprouve. Vous pouvez y concourir : nous ne pouvons rien déranger; et ne jugez pas de notre pouvoir par les effets extraordinaires dont vous avez été témoin. Il y a bien loin du prestige au prodige. Tout est vrai dans le second : les moyens n'en sont pas ici. Dans le premier, tout n'est qu'apparence. La vieille Cancrélade n'avait point été rajeunie. Le pavillon magnifique sous lequel vous avez vu cette prétendue beauté, s'est évanoui avec les charmes dont elle avait été parée. Tout n'était qu'une illusion, et une illusion très-limitée : elle ne pouvait avoir que la durée d'un songe, dont elle était l'image. L'architecture de cette brillante imposture ne valait pas mieux que celui qui l'a détruite. Je pouvais, sans tant d'appareil, en soufflant sur cette vapeur coloriée, la dissiper; mais j'ai voulu vous faire connaître les véritables artisans des impostures dangereuses auxquelles vous vous étiez exposé, afin de vous prévenir désormais contre elles, et vous apprendre ce qui peut arriver à ceux qui s'exposent aux prestiges des illusions. En un mot, prince, rien n'avait été fait, rien n'avait été détruit ; mais vos yeux, ceux de votre cour ont été fascinés. Nos occupations ordinaires ne sont point d'un genre aussi bas; un intérêt bien vif, et dont quelque jour vous connaîtrez la source, nous porte à secourir, à consoler les pauvres mortels, qui sont pour nous des objets de compassion, dans quelques rangs qu'ils se trouvent placés. Nous les plaignons beaucoup, parce qu'ils sont fort à plaindre. Nous avons donné des larmes à la mort prématurée de votre respectable mère. Votre obstination à courir après des chimères en a précipité l'événement. Ah! si vous eussiez donné la main à l'aimable, à la vertueuse princesse de Candahar!...

— Ah! madame! dit Kalilbad les yeux baignés de larmes, l'amertume de ce reproche me pénètre. Il me rappelle ma dureté à l'égard de ma mère; mon injustice à celui de la plus charmante princesse de la terre.

— La répareriez-vous, prince, dit la fée...

— Si je la réparerais? Conduisez-moi à ses pieds, et vous serez témoin des transports de ma joie, si votre puissance, ma flamme et mes regrets peuvent m'en obtenir le pardon.

— Vous n'irez pas loin pour l'obtenir, dit la fée, en levant de concert avec sa sœur le voile qui couvrait la jeune princesse de Candahar.

Toute la cour d'Astracan fut éblouie à la vue des charmes de Bellasire. Un sentiment aussi vif que profond, une émotion douce et naïve donnaient à sa ravissante physionomie un jeu, une vie, un éclat qui la rendait touchante, sans qu'elle perdît rien de ce qu'elle avait de piquant. Kalilbad est à ses pieds, et ne s'en relève que pour recevoir sa foi et lui donner la sienne. Plein de reconnaissance pour les célestes instruments de son bonheur, il insiste pour qu'elles veuillent bien, levant leurs voiles, se faire connaître particulièrement de lui.

« Vous prenez un mauvais moyen, lui dit Chéridiane, et vous ne nous trouveriez pas aussi belles que vous le supposez. Nous sommes des beautés sérieuses, trop semblables aux vérités dont nous sommes quelquefois les interprètes. Vous êtes trop jeune encore pour que nous nous montrions à vos yeux à visage découvert ; mais nous ne faisons pas vœu de vous être toujours aussi étrangères. Pour vous rassurer sur nos intentions à votre égard, nous vous laissons un gage de notre confiance en vous : c'est le légitime souverain de la Géorgie et de l'Imirette, dont votre épouse connaît l'histoire. Qu'il apprenne ici, par votre exemple, à mériter de régner sur ses semblables ; quand nous vous aurons obligation de ce petit chef-d'œuvre, vous nous verrez à visage découvert. Mais, avant de vous quitter, pour vous consoler de ne pas tout connaître, je veux vous dire un secret. Une belle femme, animée d'une passion honnête, est le plus ravissant spectacle qui soit sous les cieux. Nous vous laissons cette merveille ; c'est d'elle seule que vous devez vous occuper. »

TABLE DES MATIÈRES.

Notice sur l'Auteur............................ 1
Le Diable amoureux. Nouvelle espagnole............ 1
L'Aventure du Pèlerin......................... 101
L'Honneur perdu et recouvré en partie et revanche, ou rien de fait. Nouvelle héroïque.................... 109
La Belle par accident. Conte de Fée............... 169

FIN DE LA TABLE.

BIBLIOTHÈQUE-CAZIN A UN FRANC LE VOLUME

Publiée par PAULIN, libraire-éditeur, rue Richelieu, 60.

Nouvelle Bibliothèque des meilleurs ouvrages anciens et modernes, français et étrangers

VOLUMES EN VENTE :

	fr		fr
Brillat-Savarin : Physiologie du goût. 2 vol.	2	**Staël** (Mme de) : Corinne, ou l'Italie. 2 vol.	2
Cottin (Mme) : Elisabeth. — Claire d'Albe, réunies en 1 v.	1	**Süe** (Eug.) : Les Mystères de Paris. 10 vol.	10
De Lavergne (A.) : La Duchesse de Mazarin. 2 volumes.	2	— Mathilde. 6 vol.	6
Galland : Les Mille et une Nuits. 6 vol.	6	— Arthur. 4 vol.	4
		— La Salamandre. 2 vol.	2
		— Le Juif-errant. 10 vol.	10
Godwin (W.) Caleb Williams, trad. de l'anglais. 3 v.	3	— Atar-Gull. (Au lieu de 2 v. in-8°). 1 vol.	1
Goldsmith : Le Vicaire de Wakefield, tr. de l'angl. 1 v.	1	— Le Marquis de Létorière. 1 v.	1
		— Plik et Plok. 1 vol.	1
Jacob (P.-L.) (Bibliophile :) Soirées de Walter-Scott à Paris (Scènes historiques et Chroniques de France, — Le Bon Vieux Temps.) 4 vol.	4	— Paula Monti. 2 vol.	2
		— Deleytar (Arabian, Godolphin. — Kardiki). 1 vol.	1
		— La Vigie de Koat-Ven. (Au lieu de 4 vol. in-8°). 3 v.	3
Karr (A.) : Geneviève. 2 vol.	2	— Thérèse Dunoyer. 2 vol.	2
Pastoret (le Marquis A. de) : Raoul de Pellevé. 2 v.	2	— Le Morne-au-Diable. 2 v.	2
		— Jean Cavalier. 4 v.	4
— Erard du Châtelet. 1 vol.	1	— La Coucaratcha. (Au lieu de 3 vol. in-8°). 2 vol.	2
— Claire Catalauzi. 1 vol.	1		
Prévost (l'abbé) : Manon Lescaut. 1 vol.	1	— Le Commandeur de Malte. 2 vol.	2
Reybaud (L.) : Jérôme Paturot à la recherche d'une position sociale. 2 vol.	2	— Comédies sociales. 1 v.	1
		— Deux histoires. 2 vol.	2
		— Latréaumont. 2 vol.	2
Sandeau (J.) : Marianna. 2 v.	2	**Tressan** (Cte de) : Histoire du Petit Jehan de Saintré. 1 v.	1
— Vaillance et Richard. 1 v.	1		
— Le docteur Herbeau. 2 v.	2	— Roland furieux, traduit de l'Arioste. 4 vol.	4
— Fernand. 1 vol.	1		
Soulié (F.) : Les Mémoires du Diable. 5 vol.	5	**Viardot** (L.) : Souvenirs de Chasses en Europe. 1 vol.	1

EN PRÉPARATION : Les chefs-d'œuvre de *Bernardin de Saint-Pierre, Cazotte, Fénelon, Le Sage, Xavier de Maistre, Hamilton*, etc., etc. — Les œuvres complètes de *Topffer*. — Des traductions des meilleurs romans de *miss Burney, Cervantes, De Foë, Fielding, Goëthe, Hoffmann, miss Inchbald, Mme de Krudner, Manzoni, Swift, Sterne, du Tasse, de Zschocke*, etc. — Il paraît un ou deux volumes par semaine.

PARIS. IMPRIMÉ PAR PLON FRÈRES, RUE DE VAUGIRARD, 36.

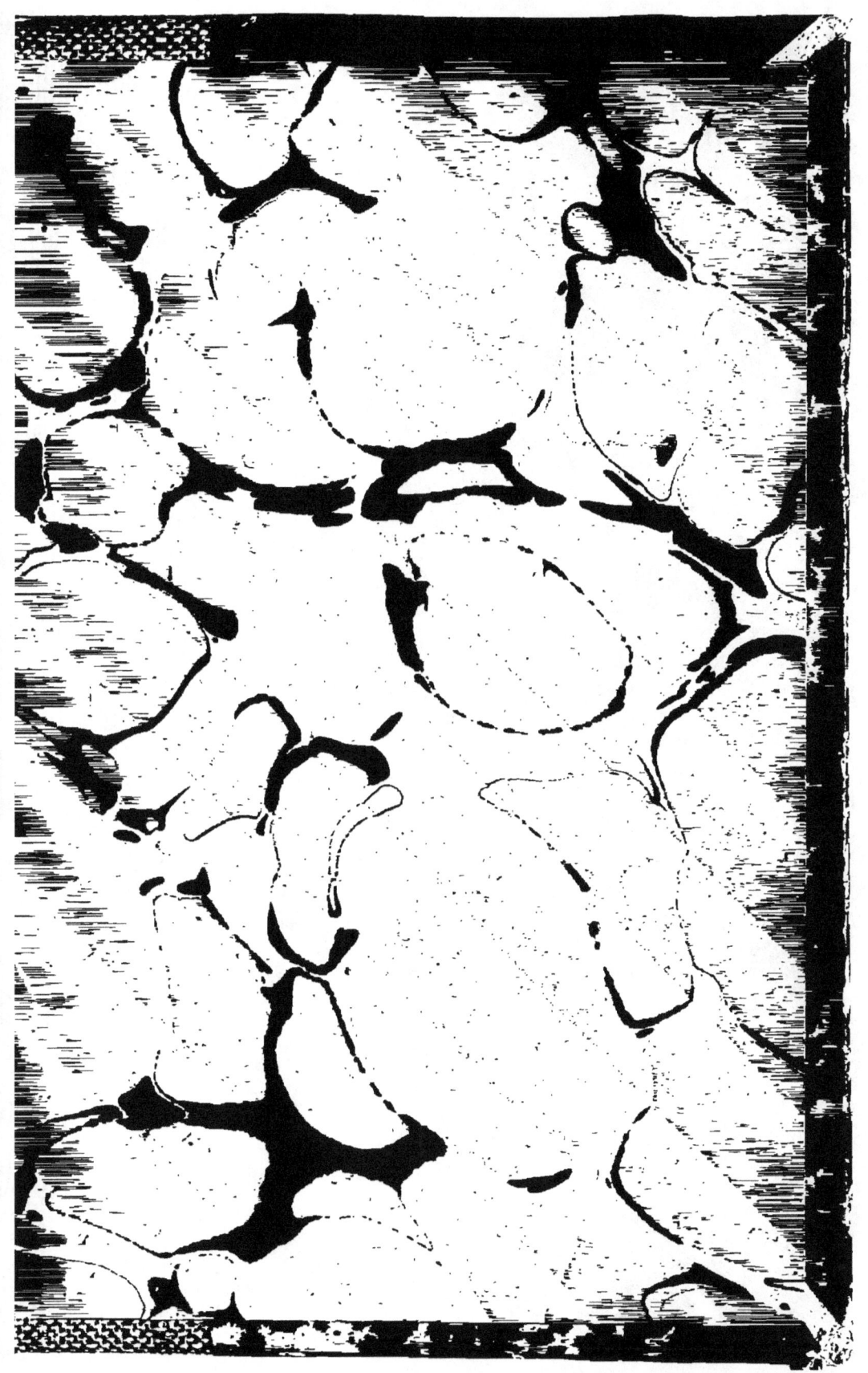

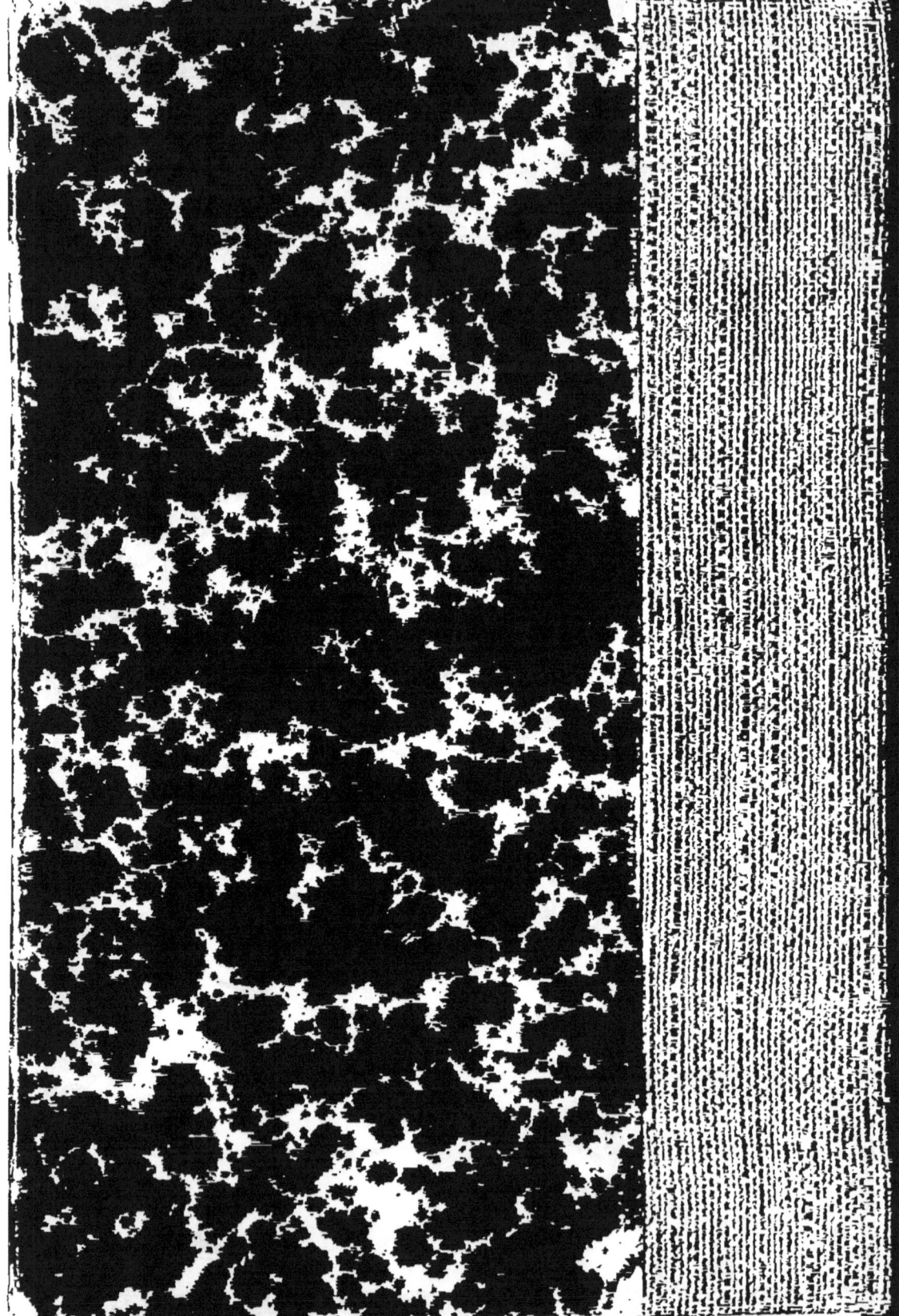

www.ingramcontent.com/pod-product-compliance
Lightning Source LLC
Chambersburg PA
CBHW071859160426
43198CB00011B/1161